高职经管类精品教材

基础会计

主　编　严成根　周芬娟

参　编　陈　鹏　杨　琛　王春雷

朱刘峰　李仙绒　陈　欣

中国科学技术大学出版社

内容简介

本书以财政部最新颁布的《企业会计准则——基本准则》和《企业会计准则——应用指南》为依据，吸收了当前会计理论研究的最新成果，结合会计教学实际，构建全书知识体系。本书主在简述会计基本理论和基本的会计核算方法，其主要内容：会计科目、复式记账、会计凭证、会计账簿、财产清查和会计报表编制。

本书可作为高职院校和成人高校财经类、管理类专业基础会计课程用书，也可作为从事经济管理工作的人员和会计从业资格证考试参考用书。

图书在版编目(CIP)数据

基础会计/严成根，周芬娟主编. —合肥：中国科学技术大学出版社，2014.9（2015.12 重印）
ISBN 978-7-312-03567-8

Ⅰ.基… Ⅱ.①严… ②周… Ⅲ.会计学 Ⅳ.F230

中国版本图书馆 CIP 数据核字（2014）第 212260 号

出版 中国科学技术大学出版社
安徽省合肥市金寨路 96 号，230026
网址：http://press.ustc.edu.cn
印刷 合肥华星印务有限责任公司
发行 中国科学技术大学出版社
经销 全国新华书店
开本 710 mm×960 mm 1/16
印张 11
字数 220 千
版次 2014 年 9 月第 1 版
印次 2015 年 12 月第 2 次印刷
定价 24.00 元

前　言

“基础会计”是高等院校会计专业、财务管理专业及其他经济管理类专业的一门专业基础课，是了解会计知识、掌握会计技能的入门课程，是学习“财务会计”、“成本会计”、“财务管理”等专业课程的基础。本书以《企业会计准则》为依据，以会计基础知识和会计核算方法为主线，构建全书的知识体系。

本书主要讲述会计基础理论和会计基本核算方法。会计基础理论主要内容包括：会计的产生与发展、会计假设、会计信息质量要求、会计要素、会计等式、会计计量属性和会计核算方法。会计核算方法包括：设置会计科目和账户、复式记账、填制和审核会计凭证、登记账簿、财产清查、编制会计报表。

本书作为会计基础入门，概念的描述规范、简洁，易于理解；例题来源于企业经营实例资料，科学合理。本书教学知识点兼顾会计从业资格证考试要点，体现教材适应学生考证要求。为了适合学生会计技能的培养，并配合本书的教学，编者同时编写了《基础会计实训教程》，实现理论与实践教学一体化。

本书主要内容：第一章总论、第二章会计科目和账户、第三章复式记账、第四章工业企业经济业务的核算、第五章会计凭证、第六章会计账簿、第七章财产清查、第八章账务处理程序、第九章财务会计报告。本书由严成根、周芬娟担任主编，陈鹏、杨琛、王春雷、朱刘峰、李仙绒、陈欣参与编写。

本书在编写过程中借鉴和吸收了国内外专家和学者的大量研究成果，在此表示感谢。编者在编写和审稿过程中尽可能做到精细和严谨，减少错误，但限于水平，不足之处在所难免，恳请读者不吝赐教指正。

编　者

2014 年 7 月

前言

目　录

第一章　总　论

学习目标

了解会计的产生和发展，了解各会计要素的定义，熟悉会计核算的专门方法、会计计量属性。掌握会计定义、会计对象、会计基本职能、会计基本假设和会计信息质量要求，掌握各会计要素的特征、会计等式原理。

第一节　会计概述

一、会计的产生与发展

会计作为一项记录、计算、考核经济收支的古老学问，可谓源远流长。它是随着生产活动的产生以及生产管理的需要而产生的，并随着社会生产的发展在不断发展和完善。

生产活动是人类社会赖以生存和发展的基础。在生产活动中，为了获得一定的劳动成果，人们必然要耗用一定的人力、财力、物力。一方面，人们关心劳动成果的多少；另一方面，也注重劳动耗费的高低。人们为了计算劳动成果和劳动耗费，产生了原始的计量、计算、记录行为，因此有了会计的萌芽。在人类社会发展的低级阶段，生产力十分低下，会计还不占重要地位，只是生产职能的附带职能，没有专职人员担任会计工作。当生产力发展到一定水平，劳动生产率得到提高，劳动产品增加，特别是出现剩余产品后，会计开始从生产职能中分离出来，成为带有一定程度独立性的职能。随着货币这个充当一般等价物的特殊商品的产生，社会再生产过程中一切物资的生产、分配和交换都要通过货币来计量，使得会计由简单的计算财务收支发展成为以货币为主要计量尺度的核算成为可能。

社会的进步、科技的发展，促进了会计的理论、方法、程序和组织模式从简单到复杂，逐步完善。在世界会计发展史上，中国会计曾一度处于领先地位。早在西周时期，奴隶制经济发展达到鼎盛，农业、手工业、商业甚至经济制度都有了显著的发展，要求人们把会计提高到管理社会经济的工具的地位上来认识，会计的意义随之加以明确。《周礼 · 天官》中讲："司会掌邦之六典、八法、八则……而听其会计"。这是我国关于"会计"一词的最早记载。同时会计机构——司会"掌国之官府郊野县都之百物财用"，并规定了"以参互考日成，以月要考月成，以岁会考岁成"的会计检查制度。东汉时期，开始出现名为"计簿"或"簿记"的账册，用以登记会计事项。

唐宋两朝是我国封建社会的空前繁荣时期，反映到会计方法和技术方面，其突出的成就是发明了"四柱清册"的记账方法。四柱之间的平衡关系是：旧管＋新收－开除＝实在。"四柱清册"的创造、应用和逐步推广，把我国传统的单式收付簿记推到一个较为科学的高度。

明末清初，我国出现了最早的复式簿记法——龙门账。它以"收"－"来"、"付"－"去"作为记账符号，以"有来必有去，来去必相等"作为记账规则，通过平衡关系式："进－缴＝存－该"平行计算盈亏。龙门账的出现和应用，对我国会计单式簿记法向复式簿记法转变起着重要作用。

15 世纪中叶，中国政治、经济滞后，而地中海沿岸的威尼斯、佛罗伦萨等城市已经稀疏地出现了资本主义生产的最初萌芽，复式簿记的种子开始在西方破土而出，并得到快速成长。1494 年，意大利人卢卡 · 帕乔利(Luca Pacioli)出版了《算术、集合及比例概要》一书，第一次全面系统地总结复式记账方法，并从理论上给予了必要阐述。该书的出版是会计发展史上的重要里程碑，标志着近代会计的开始，卢卡帕乔利也因此被称为"会计学之父"。

19 世纪工业革命的出现，正确计算折旧、合理分摊间接费用、准确计算产品生产成本及控制成本费用的发生等，促进了成本会计的迅速发展。股份公司的发展，公司所有者、股东不再是公司的管理者。所有权和经营权的分离，要求公司经理向所有者公开报告其经营业绩。而公司经理出于自身的目的，总是设法美化其业绩。为适应这种变化，1854 年，英国苏格兰的会计师成立第一个特许会计师协会——爱丁堡会计师协会。这被认为是会计发展史上的第二个里程碑。

20 世纪，会计理论、方法和技术等各个方面更是得到了突飞猛进的发展。特别是 20 世纪 50 年代以后，一方面，电子计算机技术被推广到社会领域，出现了会计电算化，引发会计技术的彻底革命；另一方面，由于"标准成本"、"预算控制"理论的应用和"泰罗管理制"的进一步推广，传统的会计逐渐形成了相对独立的两大分支：财务会计和管理会计。管理会计的诞生可以说是会计发展史上的第三个里程碑。

20 世纪 80 年代，为适应改革开放的需要，现代西方会计开始引入我国。在其后的 20 年里，西方会计的基本理论和方法在许多企业得到了应用和推广。1985

年我国颁布了《中华人民共和国会计法》(以下简称《会计法》),使会计工作真正纳入了法制化轨道。为进一步适应社会主义市场经济发展的要求,1992 年财政部门颁布了《企业会计准则》和《企业财务通则》,这是我国会计与国际会计接轨的一项重大改革举措。1999 年、2000 年、2001 年我国又先后对《会计法》、《企业会计准则》、《企业会计制度》作了重新修订。2000 年 6 月 21 日,国务院以第 287 号令的形式发布了《企业财务会计报告条例》,进一步加快了本土会计的国际化进程。《小企业会计准则》于 2011 年 10 月 18 日由财政部印发,自 2013 年 1 月 1 日起施行。

会计产生和发展的历史表明:会计是适应生产活动发展的需要而产生的,并随着生产的发展而发展。人类数千年的实践证明:管理离不开会计,经济越发展,会计越重要。可以预见,随着我国社会主义市场经济体制的进一步建立和完善,我国的会计将进入一个新的发展阶段,它在我国现代化建设中将发挥更大的作用。

二、会计的概念

通过对会计产生和发展的阐述,可以看出,会计是一项管理活动,它为管理提供经济信息,从数量和价值两个方面反映社会再生产过程;同时,它还直接履行着管理的职能。

将会计作为一种管理活动并使用"会计管理"这一概念在西方管理理论学派中早已存在。"古典管理理论"学派的代表人物法约尔把会计活动列为经营的六种职能活动之一;美国人卢瑟·古利克则把会计管理列为管理化功能之一;20 世纪 60 年代后出现的"管理经济会计学派"则认为进行经济分析和建立管理会计制度就是管理。

我国最早提出会计管理活动论的是杨纪琬、阎达五两位教授。他们指出:"无论从理论上还是从实践上看,会计不仅仅是管理经济的工具,它本身就具有管理的职能,是人们从事管理的一种活动"。在此之后,他们又进行了深入探讨,指出通常讲的"会计"就是"会计工作","会计"和"会计管理"是同一概念,这一概念的深化反映了会计工作的本质属性。

综上所述,会计是以货币为主要计量单位的,借助于专门的方法和程序,对企事业、机关单位或者其他经济组织的经济活动进行全面、连续、系统地核算和监督,并向有关方面提供会计信息以提高经济效益的一种管理活动。

三、会计的职能

会计的职能是指会计在经济管理过程中所具有的功能。具体来讲,就是会计是用来做什么？对于这个问题，马克思曾有过精辟的论述。他指出："过程越是按社会的规模进行……作为对过程进行控制和观念总结的簿记就越是必要……"。可见，马克思把会计的基本职能归纳为观念总结（核算）和控制（监督）。

（一）会计的核算职能

会计核算也称反映职能，贯穿于经济活动的全过程，是会计最基本的职能。它是指会计以货币为主要计量单位，通过确认、计量、计算、报告等环节，对特定对象的经济活动进行记账、算账、报账，为各有关方面提供会计信息的功能。其主要特点如下：

（1）会计是以货币为主要计量单位。从价值方面反映各单位的经济活动情况。计量单位有三种，即劳动度量、实物度量和货币度量。劳动度量有工作月、日、时等；实物量度有件、辆、米、吨、箱等。它们只能表示个别的数据而不能进行综合和比较，不能满足会计进行全面、综合核算的要求。在商品经济条件下，货币具有一般等价物的作用，是衡量一切有价物的价值的共同尺度，以货币作为主要的统一的计量单位来进行核算，就可以将不同类、不同质的物品折合为货币加总在一起，全面地反映企业资产的价值。当然，在会计核算中有时也用到实物量度和劳动量度，但它们只起辅助计量的作用。

（2）会计核算具有完整性、连续性和系统性。所谓完整性，是指对属于会计对象的全部经济活动都要进行确认、计量、记录和报告，不能有任何遗漏。所谓连续性，是指对经济活动应当按照发生的时间顺序依次进行计量、记录和报告，而不能有任何中断。所谓系统性，是指会计提供的数据资料必须相互联系，并要进行科学的分类。

（3）会计核算以真实合法的凭证为依据。会计核算所收集的经济信息必须真实可靠、有根有据，要取得或填制凭证，进行严格审核，确认真实、合法、无误后才能据此编制记账凭证，登记账簿。

（二）会计的监督职能

会计监督职能也称控制职能，就是在全面系统地反映经济活动的同时，依据国家财经法规，对企业经济活动的合法性、合理性和有效性进行检查和督促。

会计监督是一个过程，分为事前监督、日常监督和事后监督。

（1）事前监督主要是预测和分析经济活动可能达到的预期结果，看是否与单位的计划目标一致。对违反政策、法令的各项活动要加以限制和制止。

（2）日常监督主要是采用审核的方法，对正在进行的各项经济活动，按照规定的标准进行审核分析，及时总结经验，纠正偏差，使其按照规定的要求和预期的目标进行。

(3) 事后监督主要是采用检查的方法，对结束的工作进行检查和分析，总结经验教训，挖掘内部潜力，拟定加强企业经济管理、提高经济效益的措施。

上述两项基本会计职能之间是相辅相成、辩证统一的关系。会计核算是会计监督的基础，没有核算所提供的各种信息，监督就失去了依据；而会计监督又是会计核算质量的保障，只有核算没有监督，就难以保证核算所提供信息的真实性、可靠性。

随着生产力水平的日益提高、社会经济关系的日益复杂和管理理论的不断深化，会计发挥的作用日益重要，其职能也在不断丰富和发展。除上述基本职能外，会计还具有预测经济前景、参与经济决策、评价经营业绩等功能。

四、会计的对象

会计对象就是会计所要核算和监督的内容。由于会计是以货币为主要计量单位，对企业和行政事业单位的经济活动进行核算和监督，所以会计对象就是一切可以用货币表现的经济活动或资金运动。由于企业和行政事业单位在社会再生产过程中所处的地位不一样，担负的任务不同，其经济活动的内容也就不同。鉴于工业企业资金循环具有代表性，本书以研究工业企业经营过程来探讨会计对象。

企业是组织生产经营活动的基本单位，是自主经营、自负盈亏、独立进行生产活动的经济实体。工业企业的主要任务是生产并销售产品，在生产过程中，一方面为社会提供有用的产品满足国民经济发展的需要；另一方面上缴国家税金，为企业自身提供利润，满足简单再生产和扩大再生产的需要。

工业企业为了进行正常的生产经营活动，必须具有一定的资产，如厂房、机器设备、材料物资等。为了加强对资产的管理，保护资产的安全、完整，了解它们的使用和消耗情况，在会计上必须对它们进行核算和监督。工业企业的资产有的是国家、其他企业、个人或外商投入的，称为所有者权益；有的是向银行或其他金融机构借入的或在结算过程中暂时欠其他企业、单位、个人的，称为债权人权益或负债。为了了解各种资产的来源渠道和增减变动情况，正确处理企业与各方面的关系，必须对企业的负债和所有者权益进行核算和监督。

工业企业的生产经营可以分为三个阶段：供应过程、生产过程和销售过程。

(1) 在供应过程，企业运用银行存款和现金等货币资产购买材料和其他物资，支付各种材料及物资的采购费用，材料及物资的买价加上采购费用形成采购成本。采购过程结束，材料及物资入库，形成生产储备。

(2) 在生产过程，要领用材料，支付工人工资，计提固定资产折旧费，支付水电费及其他因生产产品而发生的费用，这些因为生产产品而发生的各种资产耗费，构成产品的生产成本。生产过程结束，产成品入库，形成销售储备。

(3) 在销售过程，企业一方面将生产的产品出售取得货币资金，形成销售收入；另一方面要支付各种销售费用、销售税金等。

产品销售收入抵补已销产品的生产成本、销售费用、销售税金后，形成的产品销售利润。产品销售利润加上其他业务利润，减去管理费用、财务费用等期间费用，形成营业利润。营业利润加上投资收益和营业外收支净额，构成利润总额。企业的利润总额一部分以所得税的形式上缴国家，一部分留归企业，剩下的对投资者进行分配。随着企业再生产的进行，这些经济业务就会不断地发生。这些就构成了工业企业会计对象的一般内容，如图 1.1 所示。

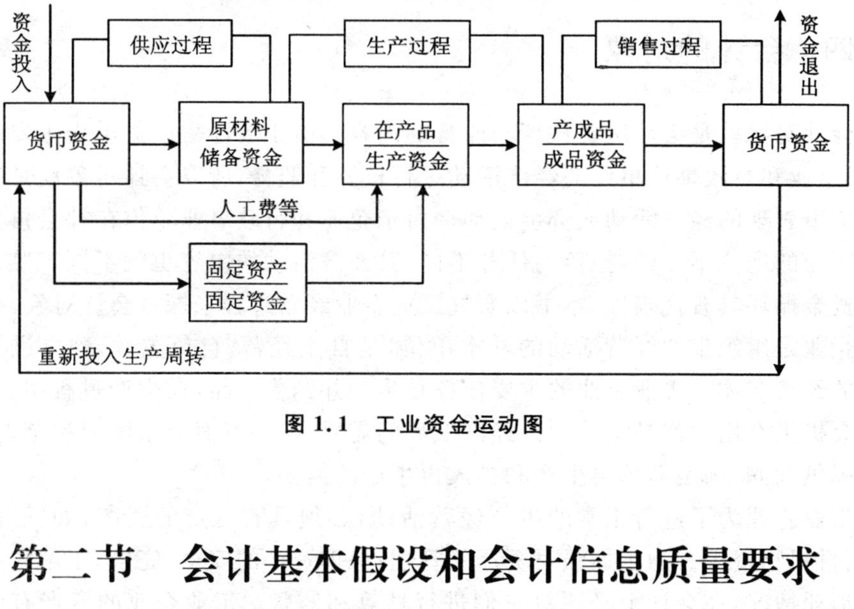

图 1.1　工业资金运动图

第二节　会计基本假设和会计信息质量要求

一、会计基本假设

会计核算的基本前提是指为了保证会计工作的正常进行和会计信息的质量，对会计核算的范围、内容、基本程序和方法所做的基本限定。因为这些限定都是对客观的正常情况或趋势进行的合理推断，所以也称为会计基本假设。会计基本假设包括会计主体、持续经营、会计分期和货币计量四项。

（一）会计主体

会计主体又称会计实体、会计个体，是指会计工作为其服务的特定单位或组织，它规定了会计工作的空间范围。在会计主体假设下，会计核算应当以企业发生的各项交易或事项为对象，记录和反映企业本身的各项生产经营活动，为会计处理方法和会计处理程序的正确选择提供了依据。

会计主体可以是企业，也可以是事业单位或行政单位；可以是一个企业，也可以是若干企业组织起来的集团公司。但会计主体与法律主体（法人）是有区别的。可以说所有的法律主体都是会计主体，但会计主体不一定都是法律主体。

（二）持续经营

持续经营是指在可以预见的未来，企业将会按照当前的规模和状态继续经营下去，不会停业，也不会大规模削减业务。在持续经营的前提下，会计核算应当以企业持续、正常的生产经营活动为前提。也就是说，会计核算应当以会计主体的生产经营活动为前提。例如，一般情况下，企业的机器设备可以在一个较长的时间发挥作用，如果可以判断企业会持续经营，就可以假定企业的机器设备会在持续经营的生产经营过程中长期发挥作用，并服务于生产经营过程，机器设备就可以根据购置的成本进行记录，并采用计提折旧的方法按期计提折旧。如果判断企业不会持续经营，机器设备就不采用历史成本进行记录并按期计提折旧。

（三）会计分期

会计分期又称会计期间，是指将一个企业持续不断的生产经营活动划分为一个个连续的、长短相同的期间。会计分期是对持续经营的必要补充。会计核算应当划分会计期间，分期结算账目和编制财务会计报告。最常见的会计期间是一年，以一年确定的会计期间成为会计年度，按照年度编制的会计报表就称为年报。我国的会计年度采用的是日历年度，自公历每年的 1 月 1 日起至 12 月 31 日止。此外，大多数会计主体还要按半年度、季度、月份结算账目和编制财务会计报告。我国《企业会计准则》规定："会计期间分为年度、半年度、季度和月度。年度、半年度、季度和月度均按公历起讫日期确定。半年度、季度和月度均称为会计中期"。由于会计分期，才产生了本期与非本期的差别。

（四）货币计量

货币计量是指会计主体在会计核算过程中采用货币作为计量单位，计量、记录和报告会计主体的生产经营活动。

货币计量假设规定了会计核算的统一计量尺度——货币，它包含两层含义：一是记账本位币的选择。我国《企业会计准则》规定："企业会计核算应以人民币作为记账本位币，业务收支以人民币以外的货币为主的单位，可以选定其中一种货币作为记账本位币，但编制的财务会计报告应当折算为人民币反映"。在境外设立的中国企业向国内报送的财务会计报告，应当折算为人民币。二是币值稳定的假设。即在一般情况下，会计核算应当按照币值稳定的原则进行，对于购买力的波动可以不予考虑，否则货币计量假设就不能成立。

二、会计信息质量要求

会计信息质量要求是进行职业判断、处理具体会计业务的基本依据和进行会计核算的工作标准。我国《企业会计准则》对会计信息质量要求作了明确的规定。

（一）可靠性

可靠性又称真实性、客观性，是指会计核算应当以实际发生的经济业务为依据。会计核算应当以真实的经济业务为核算对象，才能形成真实、准确的会计信息，才有助于决策者做出正确的判断，实现经济目标。如果会计信息是虚假的，不能真实客观地反映会计主体经济活动的实际情况，必然无法满足各有关方面了解会计主体情况并进行决策的需要，甚至可导致决策者做出错误的决策。因此，会计核算必须真实客观，即以实际发生的经济业务及证明经济业务事项发生的可靠资料为依据，如实反映财务状况和经营成果，做到内容真实、数字准确、资料可靠。

真实性包括以下几个重要含义：

（1）会计核算应当以真实发生的经济业务为核算依据，保证会计资料的真实性；

（2）会计核算应当准确反映经济业务，保证会计信息的准确性；

（3）会计核算应当具有可验证性，即会计信息应当源自于可以被客观证据加以证明的经济活动信息，而不应建立在主观臆断和个人意见的基础上；

（4）会计核算应当是一种事后核算，是对已经发生的经济业务事项所进行的事后记录、计量和反映，不包括对经济活动事前的预测、决策和管理控制等内容。

（二）相关性

相关性又称有用性，是指企业提供的会计信息应当与财务会计报告使用者的经济决策紧要相关，有助于财务会计报告使用者对企业过去、现在或者未来的情况做出评价或者预测。

会计核算要为各有关方面提供有用的会计信息，如投资者要了解企业盈利能力的信息，以决定是否投资或继续投资；银行等金融机构要了解企业的偿债能力，以决定是否对企业贷款；税务部门要了解企业的盈利及生产经营情况，以确定企业的纳税情况是否合理等。虽然他们所要了解的会计信息的侧重点各不相同，但会计信息是面向社会的，不能只满足某方面的要求，要满足所有方面的要求。

（三）可理解性

可理解性是指企业提供的会计信息应当清晰明了，便于财务会计报告使用者理解和使用。企业提供会计信息的目的是为了使用，要使使用者有效地使用会计信息，应当让其了解会计信息的内涵，弄懂会计信息的内容，这就要求财务报告所提供的会计信息明晰、易于理解。由于会计信息是一种专业性较强的信息，因此在强调会计信息的可理解性的同时，还应假设使用者具有一定的有关企业生产经营活动和会计核算方面的知识，并且愿意付出努力去研究这些信息。

（四）可比性

企业提供的会计信息应当具有可比性，包括横向可比和纵向可比。

1. 横向可比

不同企业同一时期发生的相同或者相似的交易或事项，应当采用规定的会计政策，按照国家统一规定的会计核算方法与程序进行处理，确保会计信息口径一致、相互可比，以便于信息使用者进行企业间的比较。

2. 纵向可比

同一企业不同时期发生的相同或者相似的交易或事项，应当采用一致的会计政策，不得随意变更。确需变更的，应当在附注中说明改变的原因及其对财务和经营成果的影响。也就是说，一个企业在不同时期应当采用相同的会计处理程序与方法，以便于该企业比较自己不同时期的财务状况或者经营成果等信息。

（五）实质重于形式

企业应当按照交易或事项的经济实质进行会计确认、计量和报告，不应仅以交易或事项的法律形式为依据。在实际工作中，交易或事项的外在形式或人为形式并不一定能完全真实地反映其实质内容，所以会计信息反映的交易或事项，必须根据交易或事项的经济实质进行会计核算，而非根据它们的法律形式进行核算。

例如，企业以融资租赁的形式从融资公司租入机器设备。虽然从法律形式上来讲，企业并不拥有其所有权，只在租期内拥有使用权，机器设备的所有权是融资公司的,但是由于租赁合同中规定的租赁期相当长,接近于该机器设备的使用寿命,租金比较高,租赁期结束时承租企业有优先购买的选择权,在租赁期内企业有权支配资产并从中受益。从实质上看,企业控制了该项机器设备的使用权,所以在会计核算上,将融资租入的机器设备视为企业的资产。

(六) 重要性

企业提供的会计信息应当反映与企业财务状况、经营成果和现金流量等有关的所有重要交易或者事项。重要性要求企业的财务报告在全面反映财务状况和经营成果的同时,对于重要的经济业务,应重点核算、单独反映,对不重要的经济业务,则可适当简化或合并反映。企业的经济业务是多种多样的,但其中有的经济业务可能对企业的财务状况与成果产生重大的影响,而有的则可能不会产生很大影响。

例如,企业购进1台价值100万元的大型设备,该设备如何保管、使用、维护,其使用过程中的损耗如何确认等,必将对企业的经营活动和财务成果产生重大影响。因此,对于这种大型设备就需要重点核算、单独反映。办公人员购买一支钢笔或一本笔记本等,价值仅为几元或几十元,显然不论如何处理,均不会对经营活动与经营成果产生大的影响。因此,我们在进行会计处理时,就不必单独核算,而将其与其他零星支出一起作为费用一并反映。

重要性原则的运用,一方面可使会计人员适当简化核算程序,减少核算工作量;另一方面也可使会计信息使用者抓住重点和关键,从而更好地利用会计信息。运用重要性,关键是如何确定什么是重要的经济业务,一般应根据企业规模与业务涉及的金额大小来确定。重要性是相对的,而不是绝对的。

(七) 谨慎性

谨慎性又称稳健性,要求在会计核算中考虑企业风险,对可能发生的损失和费用,做出合理的预计并入账,而对可能取得的收益,则不予预计或入账。即企业对交易或事项进行会计确认、计量和报告,应当保持应有的谨慎,不应高估资产或者收益,也不能低估负债或者费用。

例如,A公司与B公司存在经济纠纷,正在打官司,尚未判决。A公司咨询专业人士认为很可能会赔偿给B公司20万元,按谨慎性要求,A公司要估计一项债务金额为20万元,而B公司则不能估计这项债权,应等官司判决以后再做处理。

由于谨慎性充分考虑了可能发生的损失和费用,而不考虑可能取得的收入或收益,就使得会计信息比较稳健,或比较慎重,也就是做了最坏的估计。这样得出来的财务信息通常都比较保守、可靠,而且实际的结果往往都会比预期的好。

（八）及时性

企业对于已经发生的交易或事项，应当及时进行会计确认、计量和报告，不得提前或者延后。及时性要求在处理会计事项时，必须在经济业务发生时及时进行，讲究实效，以便于会计信息的及时利用，也就是要求会计信息提供的时间与会计所反映的经济业务发生的时间要保持一致。在会计核算中贯彻及时性，就能使会计事项的账务处理在会计期间内进行会计处理，而不延至下期。及时性还要求报送要及时，会计资料、会计报表等应在会计期间结束后按规定日期及时报送出去。

第三节　会计要素

会计要素是对会计对象进行的基本分类，是会计核算对象的具体化。它构成了会计报表的基本框架。《企业会计准则——基本准则》第十条规定："企业应当按照交易或者事项的经济特征确定会计要素"。具体来说，企业会计要素包括资产、负债、所有者权益、收入、费用和利润六项，其中资产、负债、所有者权益是资产负债表要素，构成资产负债表的基本架构；收入、费用和利润是利润表要素，是构成利润表的基本架构。

一、资产

（一）资产的定义

资产是指企业过去的交易或者事项形成的、由企业拥有或者控制的、预期会给企业带来经济利益的资源。

1. 企业资产的特征

（1）资产是企业过去的交易或者事项形成的。包括购买、生产、建造行为以及其他交易或者事项。

例如，企业购买的原材料、构建的厂房、机器设备等。

（2）由企业拥有或者控制的。企业享有某项资源的所有权，或者虽然不享有某项资源的所有权，但该资源能被企业所控制，并从中获得经济利益。

（3）预期会给企业带来经济利益。预期带来的经济利益是指直接或者间接导致现金或现金等价物流入企业的潜力。

例如，企业自主发明的专利技术应用于生产后，销售产品带来经济利益。

2. 资产予以确认应同时满足的条件

(1) 与该资源有关的经济利益很可能流入企业；

(2) 该资源的成本或者价值能够可靠地计量。

(二) 资产的构成

资产按其流动性不同可以分为流动资产和非流动资产。

(1) 流动资产是指可以在1年(含1年)或者一个正常营业周期内变现或者被耗用的资产。主要包括货币资金、交易性金融资产、应收及预付款项、存货等。

(2) 非流动资产是相对于流动资产而言的，即除流动资产以外的资产。主要包括长期股权投资、固定资产、无形资产等。

二、负债

(一) 负债的定义

负债是指企业由于过去的交易或事项形成的、预期会导致经济利益流出企业的现时义务。

1. 负债的主要特征

(1) 负债是一项在现行条件下已经承担的义务，它是企业欠别人的债务，需要企业以资产或者向债权人提供劳务等方式来进行偿还；

(2) 清偿负债会导致企业未来经济利益的流出；

(3) 负债是企业过去的交易或事项而形成的一种后果。

2. 负债予以确认应同时满足的条件

(1) 与该义务有关的经济利益很可能流出企业；

(2) 未来流出的经济利益的金额能够可靠计量。

(二) 负债的构成

负债按偿还期限的长短分为流动负债和非流动负债。

(1) 流动负债，是指将在1年(含1年)或者超过1年的一个营业周期内偿还的债务。包括短期借款、应付票据、应付账款、预收账款、应付职工薪酬、应付股利、应交税费、其他应付款等。

(2) 非流动负债，是指偿还期限在1年或者是超过1年的一个营业周期以上的债务。包括长期借款、应付债券、长期应付款等。

三、所有者权益

（一）所有者权益的定义

所有者权益是指企业资产扣除负债后，由所有者享有的剩余权益。公司的所有者权益又称为股东权益。所有者权益既可反映所有者投入资本的保值增值情况，又体现了保护债权人权益的理念。

（二）所有者权益的特征

(1) 所有者权益是与投资者的投资行为相伴而生的；
(2) 所有者权益是一种"剩余权益"；
(3) 所有者的"剩余权益"并没有约定偿付期；
(4) 从构成要素看，所有者权益包括所有者的投入资本、企业的资产增值及经营利润。

（三）所有者权益的构成

所有者权益的来源包括所有者投入的资本、直接计入所有者权益的利得和损失、留存收益等，通常由实收资本（或股本）、资本公积、盈余公积、未分配利润构成。

四、收入

（一）收入的定义

收入是指企业在日常活动中形成的、会导致所有者权益增加的、与所有者投入资本无关的经济利益的总流入。

1. 收入的特征

(1) 收入是在企业日常活动中形成的，不是偶然的交易形成；
(2) 收入可能表现为企业资产的增加，也可能表现为负债的减少，或二者兼有；
(3) 收入最终会导致所有者权益增加，但与投资者投入资本无关；
(4) 收入是本企业经济利益的流入，因此不包括第三方或为客户代收的各种款项。

2. 收入的确认条件

(1) 与收入相关的经济利益应当很可能流入企业；

(2) 经济利益流入企业的结果会导致资产的增加或者负债的减少；
(3) 经济利益的流入额能够可靠计量。

(二) 收入的构成

企业的收入主要包括主营业务收入、其他业务收入、公允价值变动损益和投资收益。

五、费用

(一) 费用的定义

费用是指企业在日常活动中所发生的、会导致所有者权益减少、与向所有者分配利益无关的经济利益的流出。

1. 费用的特征

(1) 费用是企业日常生活中产生的；
(2) 费用可能表现为企业资产的减少，也可能表现为负债的增加，或二者兼有；
(3) 费用最终会导致所有者权益减少，但与向投资者分配利润无关。

费用是为取得收入而付出的代价，因此费用一定要与收入配比才能确定，不是为取得收入而形成的各类资产的减少或负债的增加不属于费用的范围。

2. 费用的确认条件

(1) 与费用相关的经济利益应当很可能流出企业；
(2) 经济利益流出企业的结果会导致资产的减少或者负债的增加；
(3) 经济利益的流出额能够可靠计量。

(二) 费用的构成

费用主要由主营业务成本、其他业务成本和期间费用构成。

六、利润

(一) 利润的定义

利润是指企业在一定会计期间的经营成果。包括收入减去费用后的净额、直接计入当期利润的利得和损失等。

（二）利润的构成

利润由营业利润、利润总额和净利润构成。

营业利润＝主营业务收入＋其他业务收入－主营业务成本－其他业务成本－营业税金及附加－销售费用－管理费用－财务费用－资产减值损失＋投资净收益－投资净损失±公允价值变动损益

利润总额＝营业利润＋营业外收入－营业外支出

净利润＝利润总额－所得税费用

计算出数额即为利润，如为正数，即为盈利；如为负数，即为亏损。

第四节 会计等式

一、会计等式概述

（一）会计等式的含义

会计等式又称为会计平衡式或会计恒等式，是指利用数学等式，对会计要素、会计项目之间内在的经济联系所做出的概括和科学表达。

（二）基本会计等式

1. 资产、负债、所有者权益要素关系的会计等式

企业要从事生产经营活动，必须拥有一定数量的资产，它们以各种不同的形态分布于生产经营活动各个阶段，成为企业生产经营活动的基础。资产的来源包括两个方面，一方面是由投资人投入的，另一方面是向债权人借入的。由于投资者和债权人向企业投入了资产，因此对这些资产具有一定的要求权。把所有者和债权人对企业资产的要求权统称为权益。其中，投资者权益称为所有者权益，债权人权益称为负债。

资产与权益是同一资源的两个不同方面，资产表明企业所拥有或者控制的资源规模及其存在形态，权益表明企业所拥有或者控制资源的来源以及资源者对其的要求权。因此，资产与权益之间有内在的逻辑关系。从数量上看，一个企业有多少资产，就必然有多少权益；有多少权益，就必然有多少资产。资产与权益的这种数量关系可以用公式(1-1)表示。

资产 = 权益　　(1-1)

由于权益可进一步分为所有者权益和负债，所以公式(1-1)可表示为：

资产 = 负债 + 所有者权益　　(1-2)

负债和所有者权益虽然都是对企业资产的要求权，但却是两种性质不同的权益，在企业进行清算的过程中，企业的资产首先要保障债权人权益，剩余的资产才是所有者权益，因而所有者权益是一种剩余权益。其内容可用公式(1-3)表示。

资产 − 负债 = 所有者权益　　(1-3)

资产、负债、所有者权益之间的关系，反映了企业在某一特定时点的资产规模及来源，反映此一时点的财务状况，这一会计等式称为静态会计等式。静态会计等式是设置账户、复式记账、设计和编制资产负债表、进行试算平衡的理论基础。

2. 收入、费用、利润要素的会计等式

企业从事经营活动，会产生收入，在形成收入的同时，会发生费用，收入与费用的配比为企业经营成果，具体表现为利润。收入、费用、利润之间的数量关系可用公式(1-4)表示。

收入 − 费用 = 利润　　(1-4)

收入、费用、利润之间的关系，反映了企业某一特定时期的经营成果。该等式所反映的是企业在一定时期内的经营成果，反映的是动态过程，又称为动态会计等式。动态会计等式是企业核算利润、设置损益类账户、设计和编制利润表的理论基础。

（三）反映会计要素综合影响的会计等式

上述两类会计等式分别反映了企业在某一特定时点资产、负债、所有者权益之间静态等式关系和企业某一特定时期收入、费用、利润之间动态等式关系，将上述两类等式的内容相结合，就形成了反映会计六要素内在关系的综合等式。企业在会计期初(年初)，企业尚未开展经营活动，期初时存在“资产＝负债＋所有者权益”平衡关系；随着企业经营活动的开展，资产形态发生变化，发生收入和费用。其中收入的发生表现为资产的增加或负债的减少，费用的发生表现为资产的减少或负债的增加。当收入发生时，公式(1-2)的右边加上一定量收入，该项收入的发生，可能使等式左边的资产同量增加，或右边的负债同量减少；而当费用发生时，公式(1-2)的右边减去一定量费用，由于费用的发生，可能使等式左边的资产同量减少，或右边的负债同量增加，因而收入与费用的发生形成了新的平衡关系。

资产 = 负债 + 所有者权益 + 收入 − 费用　　(1-5)

资产 = 负债 + 所有者权益 + 利润　　(1-6)

$$资产+费用=负债+所有者权益+收入 \quad (1\text{-}7)$$

在企业经营过程中，资产与负债的数量是不断变化的，但等式的平衡是不变的。至经营期末，利润转化为所有者权益，等式重新表示为：

$$资产=负债+所有者权益 \quad (1\text{-}8)$$

公式(1-7)进一步反映了在收入与费用发生的情况下，资源占用与来源之间的恒等关系。等式左边的资产与费用是企业资源的占用形式，等式右边的负债、所有者权益、收入是企业资源的来源形式，由于资源占用和来源是一项资源的两个方面，其间必然存在恒等关系。上述一系列会计等式反映了在收入、费用发生的情况下，在任一会计期间内，会计六要素之间的数量关系是平衡的，它们之间的平衡公式称为会计综合等式。

二、经济业务对会计等式的影响

经济业务又称交易或者事项，是指能引起会计要素发生变化，并能用货币计量的经济活动。如企业购买材料、生产领用材料、产品销售收回货款等业务活动都属于经济业务。经济业务可以划分为外部经济业务和内部经济业务。外部经济业务是一个企业与其他企业、单位之间经济往来而发生的经济业务，又称为经济交易。内部经济业务是企业内部业务活动和账务处理的事项，又称经济事项。

任何一项经济业务都会引起“资产＝负债＋所有者权益”这一会计等式中左方资产或右方权益某一项目的增加，同时另一项等额减少；或者引起该等式左右两方有关项目发生等额的增加或减少。如图 1.2 所示。

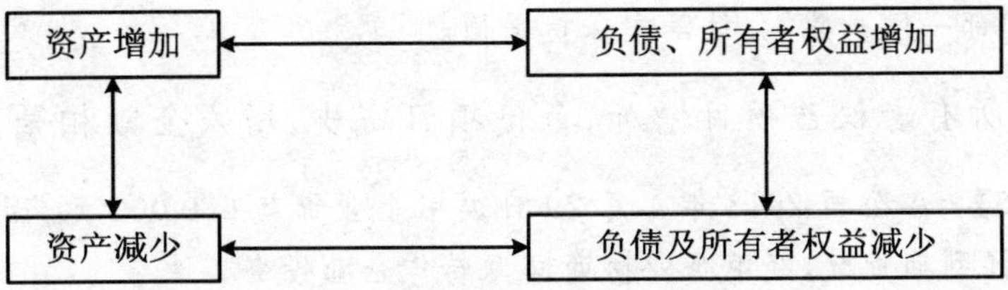

图 1.2 经济业务对会计等式的影响

经济业务对会计等式的影响表现在以下九个方面：

(一) 资产项目内部一增一减，增减金额相等，保持平衡

【例 1-1】 A 公司 2013 年 4 月 20 从银行提取现金 15 000 元备用金。

这笔业务使资产中“库存现金”增加 15 000 元，同时资产中“银行存款”减少了 15 000 元。经济业务使资产内部的一个项目增加而另一个项目减少，即会计等式

左边内部一增一减,会计等式保持平衡。

(二) 负债项目内部一增一减,增减金额相等,保持平衡

【例 1-2】 A公司2013年4月25日签发一张商业承兑汇票,面值为45 000元,支付前欠货款。

这笔业务使负债中"应收票据"增加45 000元,同时负债中"应付账款"减少了45 000元。经济业务使负债内部的一个项目增加而另一个项目减少,即会计等式右边内部一增一减,会计等式保持平衡。

(三) 所有者权益项目内部一增一减,增减金额相等,保持平衡

【例 1-3】 A公司2013年4月30日经股东大会批准,用资本公积60 000元转增资本。

这笔业务使所有者权益中"资本公积"减少60 000元,同时所有者权益中"实收资本(股本)"增加60 000元。经济业务使所有者权益内部的一个项目增加而另一个项目减少,即会计等式右边内部一增一减,会计等式保持平衡。

(四) 负债项目增加,所有者权益项目减少,增减金额相等,保持平衡

【例 1-4】 A公司2013年4月30日股东大会批准,宣告向投资者发放现金股利160 000元。

这笔业务使负债中"应付股利"增加了160 000元,同时所有者权益中"利润分配"减少了160 000元。经济业务使所有者权益项目减少而负债项目增加,即会计等式右边内部一增一减,会计等式保持平衡。

(五) 所有者权益项目增加,负债项目减少,增减金额相等,保持平衡

【例 1-5】 A公司2013年4月29日欠甲企业货款680 000元,因资金周转困难,无力偿还到期货款,经甲企业协商同意转作企业投资。

这笔业务使所有者权益中"实收资本(股本)"增加680 000元,同时负债中"应付账款"减少了680 000元。经济业务一方面使所有者权益增加,另一方面使负债减少,即会计等式右边内部一增一减,会计等式保持平衡。

(六) 资产项目增加,负债项目增加,保持平衡

【例 1-6】 A公司2013年4月30日购入材料一批,价值50 000元,贷款尚未支付。

这笔业务使资产中"原材料"增加50 000元,同时负债中"应付账款"增加了

50 000元。经济业务一方面使资产增加,另一方面使负债增加,即会计等式左右两边同时增加,会计等式保持平衡。

(七)资产项目增加,所有者权益项目增加,保持平衡

【例1-7】 A公司2013年4月2日收到投资人的投资款500 000元,存入公司开户银行。

这笔经济业务使资产中“银行存款”增加500 000元,同时所有者权益中“实收资本(股本)”增加500 000元。经济业务一方面使资产增加,另一方面使所有者权益等额增加,即会计等式两方同时等额增加,两方总额相等。

(八)资产项目减少,负债项目减少,保持平衡

【例1-8】 A公司2013年4月28签发转账支票18 000元归还欠供货单位货款。

这笔经济业务使资产中“银行存款”减少18 000元,同时负债中“应付账款”减少18 000元。这类经济业务,一方面使资产减少,另一方面负债也等额减少。即会计等式左右两方同时等额减少,两方的总额依然相等。

(九)资产项目减少,所有者权益项目减少,保持平衡

【例1-9】 A公司2013年4月25日有位投资者要求撤资,公司同意并以存款支付投资额80 000元。

这笔业务使资产中“银行存款”减少80 000元,同时所有者权益中“实收资本(股本)”减少80 000元。该类业务使资产和所有者权益同时等额减少,即会计等式左右两边同时减少,对会计等式的平衡没有影响。

综上所述,每项经济业务发生后,至少要影响会计等式中的两个会计要素(或一个要素中的两个项目),使其发生增、减变化。如果影响等式双方的要素,必然发生同增同减,增减金额相等,双方总额或增或减,但等式仍保持平衡;如果影响等式一方的要素,必然有增有减,增减金额相等,双方总额不变,等式保持平衡。因此,无论发生什么样的经济业务,都不会破坏会计等式的恒等关系。

第五节　会计核算基础

企业生产经营活动在时间上是持续不断地,不断地取得收入,不断地发生各种

成本、费用,将收入和相关的费用相配比,就可以计算和确定企业生产经营活动中所产生的利润。由于企业生产经营活动是连续地,而会计期间是人为划分地,所以难免有一部分收入和费用出现收支期间和应归属期间不一致的情况。于是在处理这类经济业务时,应正确选择合适的会计核算基础,可供选择的会计核算基础包括收付实现制和权责发生制两种。

一、收付实现制

收付实现制亦称现收现付制,是以款项是否实际收到或付出作为确定本期收入和费用的标准。在收付实现制下,凡是本期实际收到的款项,不论其是否属于本期实现的收入,都作为本期收入处理;凡是本期付出的款项,不论其是否属于本期负担的费用,都作为本期的费用处理。反之,凡是本期没有实际收到的款项和付出的款项,即使应归属于本期,也不作为本期收入和费用处理。这种会计处理基础,由于款项的收付实际上以现金收付为准,所以一般称为现金制。

现举例说明收付实现制下会计处理的特点:

【例1-10】 A公司于2013年10月7日销售商品一批,10月26日收到货款,存入银行。

该项业务在10月份收到了货款,按照收付实现制的处理标准,应作为10月份的收入确认。

【例1-11】 A公司于2013年10月12日销售商品一批,11月10日收到货款,存入银行。

该项业务在11月份收到了货款,按照收付实现制的处理标准,应作为11月份的收入确认。

【例1-12】 A公司于2013年10月15日收到某购货单位一笔货款,存入银行,但按合同规定于11月份交付商品。

该项业务在10月份收到了货款,按照收付实现制的处理标准,应作为10月份的收入确认。

【例1-13】 A公司于2013年10月16日以银行存款预付第四季度利息费用。

该项业务在10月份支付的费用,按照收付实现制的处理标准,应将其作为10月份的费用确认。

【例1-14】 企业于2013年10月26日购入办公用品一批,但款项在11月18日支付。

该项业务在11月份支付的费用,按照收付实现制的处理标准,则将其作为11月份的费用入账。

从上面的举例可以看出，无论收入的权利和支出的义务属于哪一期，只要款项的收付在本期，就应确认为本期的收入和费用，不考虑预收收入和预付费用以及应计收入和应计费用的存在。到会计期末根据账簿记录确定本期的收入和费用，因为实际收到和付出的款项，必然已经登记入账，所以不存在对账簿记录于期末进行调整的问题。这种会计处理基础核算手续简单，但强调财务状况的切实性，不同时期缺乏可比性，所以它主要适用于行政、事业单位。

二、权责发生制

《企业会计准则——基本准则》第九条指出："企业应当以权责发生制为基础进行会计确认、计量和报告"。

权责发生制亦称应收应付制，是指企业以收入的权利和支出的义务是否归属于本期为标准来确认收入、费用的一种会计处理基础。也就是以应收应付为标准，而不是以款项的实际收付是否在本期发生为标准来确认本期的收入和费用。在权责发生制下，凡是属于本期实现的收入和发生的费用，不论款项是否实际收到或实际付出，都应作为本期的收入和费用入账；凡是不属于本期的收益和费用，即使款项在本期收到或付出，也不作为本期的收入和费用处理。

以前面所举例子说明：

在例 1-10 中，该项业务权利和义务，按照权责发生制的处理标准，应作为 10 月份的收入确认。

在例 1-11 中，该项业务款项于 10 月份实现，但 11 月份才收到货款，按照权责发生制的处理标准，应作为 10 月份的收入确认。

在例 1-12 中，该项业务货款于 10 月份收到，但 11 月份才交付商品，按照权责发生制的处理标准，应作为 11 月份的收入确认。

在例 1-13 中，该项业务费用于 10 月份支付，但费用属于 10、11、12 三个月份，按照权责发生制的处理标准，应作为 10、11、12 三个月份的费用分别确认。

在例 1-14 中，该项业务费用属于 10 月份，但于 11 月支付，按照权责发生制的处理标准，应作为 10 月份的费用确认。

在两种不同基础下的确认，如表 1.1 所示。

表 1.1 权责发生制与收付实现制收入或费用确认差异表

业务序号	业务内容	实际收付款期间	确认收入或费用期间	备注
1	10 月 7 日销售商品,10 月 26 日收到货款,存入银行	本年 10 月	确认本年 10 月收入	与收付实现制相同
2	10 月 12 日销售商品一批,11 月 10 日收到货款,存入银行	本年 11 月	确认本年 10 月收入	与收付实现制不同
3	10 月 15 日收到某购货单位一笔货款,存入银行,11 月份交付商品	本年 10 月	确认本年 11 月收入	与收付实现制不同
4	10 月 16 日以银行存款预付本季度利息	本年 10 月	确认本年 10、11、12 月费用	与收付实现制不同
5	10 月 26 日购入办公用品一批,在 11 月 18 日支付款项	本年 11 月	确认本年 10 月费用	与收付实现制不同

第六节 会计计量属性

会计计量是指运用一定的计量单位对已经确认的财务报表要素进行量化的过程。即采用货币单位量度财务报表要素变化的过程。

会计计量的要求主要有三个方面:① 客观性,以客观发生的交易或事项的事实为依据,计量结果能够被验证,具有可信度。② 有效性,会计计量应为满足管理或信息使用者的某种需要而进行。③ 经济性,会计计量应考虑所费与计量的效用的关系,即应符合成本效益原则。

根据会计计量的价值特性和计量对象的经济实质,会计计量需要考虑两个方面的内容,即会计计量单位的选择和计量属性的确定,这两个方面构成会计计量的基本要素。

会计计量属性主要包括:

一、历史成本

在历史成本计量下，资产按照购置时支付的现金或者现金等价物的金额，或者按照购置资产时所付出的对价的公允价值计量。负债按照因承担现时义务而实际收到的款项或者资产的金额，或者承担现时义务的合同金额，或者按照日常活动中为偿还负债预期需要支付的现金或者现金等价物的金额计量。

A 公司 2012 年 5 月 1 日购进某设备，购买时所支付的买价 100 000 元，运输费 3 000 元、装卸费 2 000 元、保险费等杂费 2 000 元、安装调试费 5 000 元。按照历史成本计价，2012 年 5 月 1 日设备的实际入账成本等于 112 000 元（买价＋运输费＋装卸费＋保险费＋调试安装费）。2013 年 12 月 31 日，受国际市场的影响，该设备的价格飙升到 120 000 元，按照历史成本计量属性，依然按照 112 000 元计量这台设备的价值，无需进行更改。

二、重置成本

在重置成本计量下，资产按照现在购买相同或者相似资产所需支付的现金或者现金等价物的金额计量。负债按照现在偿付该项债务所需支付的现金或者现金等价物的金额计量。

A 公司 2013 年 12 月 30 日进行资产清查发现，仓库中一批材料在账上找不到记录，经评估，该批材料的重置成本为 200 000 元。企业应运用重置成本对该批材料进行计量，并重新登记入账。

三、可变现净值

在可变现净值计量下，资产按照其正常对外销售所能收到现金或者现金等价物的金额扣减该资产至完工时估计将要发生的成本、销售费用以及相关税费后的金额计量。

A 公司 2013 年 12 月 31 日库存甲商品账面价值（历史成本）为 200 000 元，经价值测试，该商品的市场销售价格为 180 000 元，销售甲商品可能发生销售费用 5 000元，该商品的可变现净值为 175 000 元。

四、现值

在现值计量下，资产按照预计从其持续使用和最终处置中所产生的未来净现金流量的折现金额计量。负债按照预计期限内需要偿还的未来净现金流出量的折现金额计量。

A公司在2013年12月30日财产清查中发现多出一台设备,该设备还可以使用3年,每年给公司带来净现金流入20 000元,使用寿命结束处置还会有1 000元的现金流入,则该设备的现值就是3年的净现金流入和1 000元折现金额的合计。

五、公允价值

在公允价值计量下,资产和负债按照在公平交易中,熟悉情况的交易双方自愿进行资产交换或者债务清偿的金额计量。

A公司2013年12月30日用银行存款购入了以交易为目的而持有的股票1 000股,每股10元,股价是熟悉情况的交易双方自愿进行交易的金额,即为公允价值,则该股票的公允价值共10 000元。

企业在对会计要素进行计量时,一般应当采用历史成本,采用重置成本、可变现净值、现值、公允价值计量的,应当保证所确定的会计要素金额能够取得并可靠计量。

第七节　会计核算方法

一、会计方法体系

会计方法是用来反映和监督会计对象,完成会计任务的手段。研究和运用会计方法是为了实现会计的目标,更好地完成会计任务。

会计方法是从会计实践中总结出来的,并随着社会实践的发展、科学技术的进步以及管理要求的提高而不断地发展和完善的。随着会计职能的扩展和管理要求的提高,这个方法体系也将不断地发展和完善。目前,会计对经济活动的管理是通过会计核算、会计分析以及会计检查等方法进行的。

(1) 会计核算的方法是对各单位已经发生的经济活动进行连续、系统、完整的反映和监督所应用的方法。

(2) 会计分析的方法主要是利用会计核算的资料,考核并说明各单位经济活动的效果,在分析过去的基础上,提出指导未来经济活动的计划、预算和备选方案,并对它们的报告结果进行分析和评价。

(3) 会计检查的方法亦称审计,主要是根据会计核算,检查各单位的经济活动是否合理合法,会计核算资料是否真实正确,根据会计核算资料编制的未来时期的计划、预算是否可行、有效等。

上述各种会计方法紧密联系、相互依存、相辅相成,形成了一个完整的会计方法体系。其中,会计核算方法是基础,会计分析方法是会计核算方法的继续和发展,会计检查方法是会计核算方法和会计分析方法的保证。

作为广义的会计方法,它们既互相联系,又有相对的独立性。它们所应用的具体方法各不相同,并有各自的工作和研究对象,形成了较独立的学科。学习会计首先要从基础开始,要从掌握会计方法入手。通常所说的会计方法,一般是指狭义的会计方法,即会计核算方法,本书主要阐述会计核算的方法。

二、会计核算方法

会计核算方法是指会计对企事业、机关单位已经发生的经济活动进行连续、系统和全面的反映和监督所采用的方法。会计核算方法是用来反映和监督会计对象的,由于会计对象的多样性和复杂性,就决定了用来对其进行反映和监督的会计核算方法不能采用单一的方法形式,而应该采用方法体系的模式。因此,会计核算方法由设置账户、复式记账、填制和审核凭证、登记账簿、成本计算、财产清查和编制财务会计报告等具体方法构成,这七种方法构成了一个完整的、科学的方法体系。

(一) 设置账户

账户是对会计对象的具体内容,按不同的特点和经济管理需要,分门别类地进行反映的项目。设置账户就是根据会计对象的特点和经济管理要求,来科学地确定这些项目的过程。进行会计核算之前,首先应将多种多样、错综复杂的会计对象的具体内容进行科学分类,通过分类的反映和监督,才能提供管理所需要的各种指标。每个会计账户只能反映一定的经济内容,将会计对象的具体内容划分为若干项目,即设置若干个会计账户,就可以使所设置的账户既有分工又有联系地反映整个会计对象的内容,提供管理所需要的各种信息。

(二) 复式记账

复式记账就是对每笔经济业务,都以相等的金额在相互关联的两个或两个以上有关账户中进行登记的一种专门方法。复式记账有着明显的特点,即它对每项经济业务都必须以相等的金额,在相互关联的两个或两个以上账户中进行登记,使每项经济业务所涉及的两个或两个以上的账户之间产生对应关系。同时,在对应账户中所记录的金额又平行相等，通过账户的对应关系，可以了解经济业务的内容；通过账户的平行关系，可以检查有关经济业务的记录是否正确。复式记账可以相互联系的反映经济业务的全貌，也便于检查账簿记录是否正确。

例如，到银行提取500元现金。这笔经济业务，用复式记账法就要在“库存现金”账户和“银行存款”账户互相联系地分别记入500元。这样既可以了解这笔经济业务具体内容，又可以反映该项经济活动的来龙去脉，完整、系统地记录资金运动的过程和结果。

（三）填制和审核凭证

填制和审核凭证是指为了审查经济业务是否合理合法，保证账簿记录正确、完整而采用的一种专门方法。会计凭证是记录经济业务、明确经济责任的书面证明，是登记账簿的重要依据。经济业务是否发生、执行和完成，关键看是否取得或填制了会计凭证，取得或填制了会计凭证，就证明该项经济业务已经发生或完成。对已经完成的经济业务还要经过会计部门、会计人员的严格审核，在保证符合有关法律、制度、规定而又正确无误的情况下，才能登记账簿。填制和审核凭证可以为经济管理提供真实可靠的会计信息。

（四）登记账簿

登记账簿亦称记账，就是把所有的经济业务按其发生的顺序，分门别类地记入有关账簿。账簿是用来全面、连续、系统地记录各项经济业务的簿籍，也是保存会计信息的重要工具。它具有一定的结构、格式，应该根据审核无误的会计凭证序时、分类地进行登记。在账簿中应该开设相应的账户，把所有的经济业务记入账簿中的账户里后，还应定期计算和累计各项核算指标，并定期结账和对账，使账证之间、账账之间、账实之间保持一致。账簿所提供的各种信息是编制会计报表的主要依据。

（五）成本计算

成本计算是指归集一定计算对象上的全部费用，借以确定各个对象的总成本和单位成本的一种专门方法。通常是指对工业产品进行成本计算。例如，按工业企业供应、生产和销售三个过程分别归集经营所发生的费用，并分别与其采购、生产和销售材料、产品品种、数量联系起来，计算它们的总成本和单位成本。通过成本计算，可以考核和监督企业经营过程中所发生的各项费用是否节约，以便采取措施，降低成本，提高经济效益。

（六）财产清查

财产清查就是通过盘点实物、核对账目来查明各项财产物资和货币资金的实有数，并查明实有数与账存数是否相符的一种专门方法。在日常会计核算过程中，为了保证会计信息真实正确，必须定期或不定期对各项财产物资、货币资金和往来款项进行清查、盘点和核对。在清查中，如果发现账实不符，应查明原因，调整账簿记录，使账存数额同实存数额保持一致，做到账实相符。通过财产清查，还可以查明各项财产物资的保管和使用情况，以便采取措施挖掘物资潜力和加速资金周转。总之，财产清查对于保证会计核算资料的正确性和监督财产安全与合理使用等都具有重要的作用，它是会计核算必不可少的方法之一。

（七）编制财务会计报告

财务会计报告是指企业对外提供反映企业某一特定日期财务状况和某一会计期间经营成果、现金流量等信息的文件。编制财务会计报告是对日常会计核算资料的总结，就是将账簿记录的内容定期地加以分类、整理和汇总，形成会计信息使用者所需要的各种指标，再报送给会计信息使用者，以便据此进行决策。财务会计报告所提供的一系列核算指标是考核和分析财务计划和预算执行情况以及编制下期财务计划和预算的重要依据，也是进行国民经济综合平衡所必不可少的资料。编制完成财务会计报告，就意味着这一期间会计核算工作的结束。

在会计对经济业务进行记录和反映的过程中，不论是采用手工处理方式，还是使用计算机数据处理系统，对于日常发生的经济业务，首先要取得合法的凭证，按照所设置的账户，进行复式记账，根据账簿记录，进行成本计算，在财产清查、账实相符的基础上编制财务会计报告。会计核算的七种方法互相联系、密切配合、缺一不可，形成一个完整的方法体系，如图 1.3 所示。

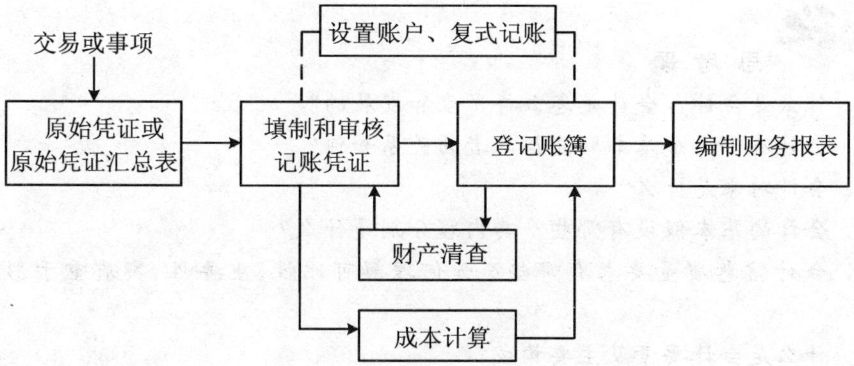

图 1.3　会计核算方法体系关系图

本章小结

生产活动的复杂化是会计产生的动力，是会计成为一种独立职业的动力。会计从产生至今经过了漫长的发展历程，直至电算化的出现，会计的内涵不断地丰富。会计在当今的管理中具有核算与监督两个基本职能，核算是基础，监督为核算提供保证。核算和监督的对象即是会计对象，也就是社会在生产过程中的资金运动。企业或单位要开始核算首先要满足会计核算的基本前提，即会计的基本假设：会计主体、持续经营、会计分期、货币计量。

会计信息质量要求是进行职业判断和处理具体会计业务的基本依据和进行会计核算的工作标准。主要有：可靠性、相关性、可理解性、可比性、实质重于形式、重要性、谨慎性和及时性。会计要素是对会计对象进行基本分类，是会计核算对象的具体化，包括资产、负债、所有者权益、收入、费用和利润六项。会计等式又称为会计平衡式、会计恒等式，是表明各个会计要素、会计项目之间内在的经济联系所做出的概括和科学的表达。

会计计量是指运用一定的计量单位对已经确认的财务报表要素进行量化的过程，即采用货币单位量度财务报表要素变化的过程。会计计量属性主要包括：历史成本、重置成本、可变现净值、现值和公允价值。会计方法是用来反映和监督会计对象，完成会计任务的手段。会计核算方法由设置账户、复式记账、填制和审核凭证、登记账簿、成本计算、财产清查和编制财务会计报告等具体方法构成。

思考题

1. 什么是会计？会计是怎么样产生和发展的？
2. 会计有哪两个基本职能？两者的关系如何？
3. 会计对象是什么？
4. 会计的基本假设有哪些？其内容分别是什么？
5. 会计信息质量要求有哪些？如何理解可比性、重要性、实质重于形式、谨慎性？
6. 什么是会计要素及主要构成？
7. 会计等式的基本表现形式有哪些？
8. 在实践中如何应用会计核算方法？
9. 如何应用权责发生制处理收入和费用？
10. 会计计量属性有哪些？

第二章　会计科目和账户

学习目标

了解会计科目的含义及其分类，理解会计科目设置原则，熟记工业企业常用会计科目，掌握账户的设置原则。

第一节　会 计 科 目

一、会计科目的含义

会计科目是对会计要素的具体内容进行分类核算的项目，是对资金运动第三层次的划分。为了全面、系统、分类地核算和监督各项经济业务的发生情况以及由此引起的各项会计要素的增减变化情况，各单位都要合理地设置会计科目。会计科目是设置账户、处理账务所必须遵守的规则和依据。设置会计科目是正确组织会计核算的一个重要条件，是会计核算的一种专门方法。

会计对象、会计要素与会计科目之间的关系，如图 2.1 所示。

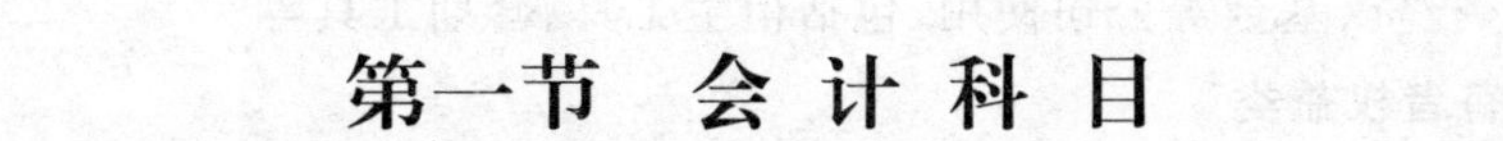

图 2.1　关系图

二、会计科目的分类

会计科目可以按不同标准进行分类。

（一）按其归属的会计要素分类

按其归属的会计要素不同，可分为资产类、负债类、共同类、所有者权益类、成本类和损益类六类。

1. 资产类

资产类科目用来核算和监督各种资产（包括各种货币资金、存货、债权等）增减变动和结果的科目。包括库存现金、银行存款、应收账款、应收票据、预付账款、原材料、库存商品、固定资产、累计折旧、无形资产、待处理财产损溢等。

2. 负债类

负债类科目用来核算和监督各种负债的增减变动和结果的科目。包括短期借款、应付账款、应付职工薪酬、应交税费、长期借款、长期应付款、应付债券等。

3. 共同类

共同类科目既用以反映资产要素内容又用以反映负债要素内容的科目，多为金融、保险、投资、基金等公司使用，包括衍生工具、套期工具等。

4. 所有者权益类

所有者权益类科目用来核算和监督所有者权益增减变动和结果的科目。包括实收资本、资本公积、盈余公积、本年利润、利润分配等。

5. 成本类

成本类科目用来核算和监督企业生产过程中所发生的各种耗费的科目。包括生产成本、制造费用、劳务成本等。

6. 损益类

损益类科目用来核算和监督企业取得的各项收入及发生的相关费用等情况的科目。包括主营业务收入、其他业务收入、营业外收入、投资收益、主营业务成本、其他业务成本、营业税金及附加、管理费用、销售费用、财务费用、营业外支出、所得税费用等。

（二）按提供信息的详细程度及其统驭关系分类

按提供信息的详细程度及其统驭关系，会计科目可分为总分类科目和明细分类科目。

1. 总分类科目

总分类科目又称总账科目或一级科目，是对会计要素具体内容进行总括分类、提供总括信息的会计科目。总分类科目反映各种经济业务的总括情况，是进行总分类核算的依据。

2. 明细分类科目

明细分类科目又称明细科目或细目,是对总分类科目作进一步分类、提供更详细、更具体会计信息的科目。在实务中,明细分类科目可以分设多级,即在总分类科目下分别设置二级明细科目、三级明细科目以至更多的级次。

3. 总分类科目与明细科目之间的关系

总分类科目对其所属的明细分类科目具有统驭和控制的作用,而明细分类科目是对其所归属的总分类科目的补充和说明。

我国《企业会计准则》规定:"总分类科目由财政部统一制定,各明细科目可由企业根据自身核算需要设置"。由总分类科目、二级科目以及明细分类科目组成的会计科目核算体系,为企业进行后续的有关会计核算和提供会计资料奠定了基础。

三、会计科目的设置

(一) 会计科目的设置原则

会计科目作为会计要素的进一步分类,是提供信息的一种重要手段,分类地正确与否决定着会计信息的科学性、系统性和适用性。因此,设置会计科目必须遵循一定的原则。

1. 合法性原则

指设置的会计科目应当符合国家统一的会计制度的规定。

2. 相关性原则

指设置的会计科目应当为提供有关各方所需要的会计信息服务,满足对外报告与对内管理的要求,并且各会计科目之间既要有一定的联系,又各自独立,不能相互重叠。

3. 实用性原则

指设置的会计科目应符合企业的组织形式、经营内容、自身的业务特点,满足实际需要。

(二) 常用会计科目

常用会计科目表及详细解释如表 2.1 所示。

表 2.1　企业常用会计科目表

序号	科目编码	会计科目名称	序号	科目编码	会计科目名称
		一、资产类	42	2201	应付账款
1	1001	库存现金	43	2203	预收账款
2	1002	银行存款	44	2211	应付职工薪酬
3	1012	其他货币资金	45	2221	应交税费
4	1101	交易性金融资产	46	2231	应付利息
5	1121	应收票据	47	2232	应付股利
6	1122	应收账款	48	2241	其他应付款
7	1123	预付账款	49	2501	长期借款
8	1131	应收股利	50	2502	应付债券
9	1132	应收利息	51	2701	长期应付款
10	1221	其他应收款	52	2711	专项应付款
11	1231	坏账准备	53	2801	预计负债
12	1401	材料采购	54	2901	递延所得税负债
13	1402	在途物资			三、共同类
14	1403	原材料	55	3101	衍生工具
15	1404	材料成本差异	56	3201	套期工具
16	1405	库存商品			四、所有者权益
17	1408	委托加工物资	57	4001	实收资本
18	1411	周转材料	58	4002	资本公积
19	1461	融资租赁资产	59	4101	盈余公积
20	1471	存货跌价准备	60	4103	本年利润
21	1501	持有至到期投资	61	4104	利润分配
22	1502	持有至到期投资减值准备	62	4201	库存股
23	1503	可供出售金融资产			五、成本类
24	1511	长期股权投资	63	5001	生产成本
25	1512	长期股权投资减值准备	64	5101	制造费用
26	1521	投资性房地产	65	5301	劳务成本

续表

序号	科目编码	会计科目名称	序号	科目编码	会计科目名称
27	1531	长期应收款			六、损益类
28	1601	固定资产	66	6001	主营业务收入
29	1602	累计折旧	67	6051	其他业务收入
30	1603	固定资产减值准备	68	6111	投资收益
31	1604	在建工程	69	6301	营业外收入
32	1605	工程物资	70	6401	主营业务成本
33	1606	固定资产清理	71	6402	其他业务成本
34	1701	无形资产	72	6403	营业税金及附加
35	1702	累计摊销	73	6601	销售费用
36	1703	无形资产减值准备	74	6602	管理费用
37	1801	长期待摊费用	75	6603	财务费用
38	1811	递延所得税资产	76	6701	资产减值损失
39	1901	待处理财产损溢	77	6711	营业外支出
		二、负债类	78	6801	所得税费用
40	2001	短期借款	79	6901	以前年度损益调整
41	2201	应付票据			

第二节 账 户

会计科目是对会计要素进一步分类形成的项目，也就是对各项会计要素在科学分类的基础上所赋予的名称，还不能进行具体的会计核算。为了全面、序时、连续、系统地记录经济业务的发生而引起的会计要素的增减变动，还必须设置账户。

一、账户的定义

账户是指根据会计科目设置的，具有一定的格式和结构，用来记录会计要素增减变化情况及其结果的一种载体。

二、账户的基本结构

任何一项经济业务的发生都会引起会计要素及其项目的变动，从数量上看这种变动主要有增加或减少两种情况。因此，账户也相应地分为左右两方，一方登记增加额，另一方登记减少额。账户的名称加上登记增加额和减少额的两方，就构成了账户的基本架构。此外，为了随时考查经济业务的内容、记账时间与记账依据，账户中还应设置日期、凭证号数、摘要、账户余额等栏目内容，这就形成了账户的一般格式，如图 2.2 所示。

总分类账

科目名称________

年		记账凭证号数	摘要	借方												贷方												借或贷	余额											
月	日			十	亿	千	百	十	万	千	百	十	元	角	分	十	亿	千	百	十	万	千	百	十	元	角	分		十	亿	千	百	十	万	千	百	十	元	角	分

图 2.2　分类账结构图

为方便实际教学，通常将上述账户格式简化为 T 字形，只保留左右两方，其他资料略去，将余额写在下面。如图 2.3 所示。

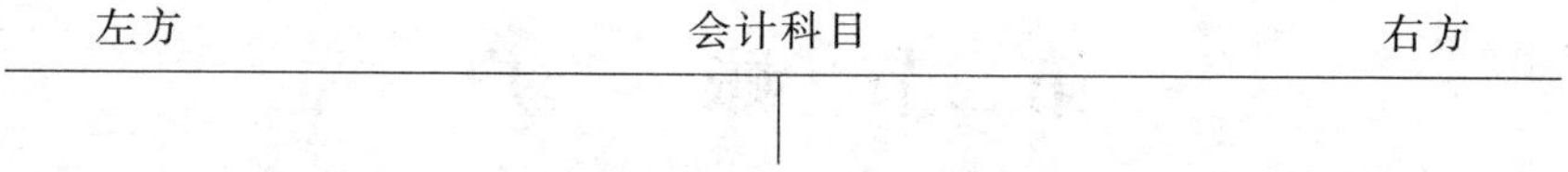

图 2.3　“T”型账户图

三、账户的金额要素

账户左右两方，哪一方登记增加额，哪一方登记减少额，取决于所记录经济业务和账户的性质。账户中，登记本期增加的金额，称为本期增加发生额；登记本期减少的金额，称为本期减少发生额；增减相抵后的差额，称为余额。余额按照表示的时间不同，分为期初余额和期末余额，其基本关系如下：

期末余额＝期初余额＋本期增加发生额－本期减少发生额

四、账户与会计科目的关系

会计科目与账户都是对会计对象具体内容的科学分类，两者口径一致，性质相同，会计科目是账户的名称，也是设置账户的依据，账户是会计科目的具体运用。没有会计科目，账户便失去了设置的依据；没有账户，就无法发挥会计科目的作用。两者的区别是：会计科目仅仅是账户的名称，不存在结构；而账户则具有一定的格式和结构。在实际工作中，对会计科目和账户不加严格区别，而是相互通用。

五、账户的开设方法

账户的开设是将设置的一个会计科目写在具有一定格式和结构的账页上，使其成为核算某项经济内容的专门场所。账页是账簿的主要组成部分，所以账户要依附于账簿的开设，每一个账户就表现为账簿中的某些账页。

会计科目分为总账科目、明细科目，按照会计科目开设的账户也相应称作总分类账户和明细分类账户。把总分类科目按照其编码顺序依次写在总分类账簿账页上，使总分类科目与账页结合起来形成记录总括指标的总分类账簿。把明细分类账户科目写在相应格式的明细分类账簿的账页上，使明细分类科目与账页结合起来形成用来记录详细指标的明细分类账簿。明细分类账户可根据各企业实际需要，按照总分类科目的二级科目、三级科目分类层层开设。根据会计科目的内容分类，账户也可分为资产类账户、负债类账户、所有者权益类账户、成本类账户、损益类账户五类。

本章小结

会计科目是对会计要素的具体内容进行分类核算的项目，是对资金运动第三层次的划分。会计科目可以按不同标准进行分类，按其归属的会计要素不同，可将其分为资产类、负债类、共同类、所有者权益类、成本类和损益类六类。按提供信息的详细程度及其统驭关系分类，分为总分类科目和明细分类科目。会计科目的设置原则应满足：合法性原则、相关性原则、实用性原则。

账户是指根据会计科目设置的，具有一定的格式和结构，用来记录会计要素增减变化情况及其结果的一种载体。会计科目与账户都是对会计对象具体内容的科学分类，两者口径一致，性质相同，会计科目是账户的名称，也是设置账户的依据，账户是会计科目的具体运用。账户的开设是将设置的一个会计科目写在具有一定格式和结构的账页上，使其成为核算某项经济内容的专门场所。账页是账簿的主要组成部分，账户要依附于账簿的开设，每一个账户就表现为账簿中的某些账页。

思考题

1. 什么是会计科目？
2. 会计科目按其反映的经济内容可分为几类？
3. 简述会计科目与账户之间的关系？
4. 简述总分类账与明细分类账之间关系？

第三章　复式记账

学习目标

了解记账方法的基本分类，掌握借贷记账法原理，能运用借贷记账法原理，对各类会计要素进行账务处理。

第一节　复式记账原理

一、记账方法

记账方法是在账户中记录经济业务所采用的方法。按其记账方式可分为单式记账法和复式记账法两种。

（一）单式记账法

单式记账法是对发生的每一笔经济业务，只在一个账户中进行单方面记录的一种方法。它一般只登记现金、银行存款及债权债务方面发生的经济业务。

例如，以银行存款 20 000 元偿还企业银行贷款，只在“银行存款”账户中记录减少 20 000 元，而对企业的长期借款，则不予以记录。

单式记账法虽然记账简单，但账户设置不完整，各账户之间的记录没有直接联系，不能全面、系统地反映经济业务的来龙去脉，也不能利用一定方法进行试算平衡，检查记录的正确性和完整性。

（二）复式记账法

复式记账法是对发生的每一项经济业务，都以相等的金额，在两个或两个以上相互联系的账户中同时进行记录的一种方法。

例如，某企业以现金购买 90 元办公用品，采用复式记账法，一方面要在库存现金账户中登记“库存现金”减少 90 元，另一方面又以相等的金额，同时在“管理费用”账户登记费用增加 90 元。

复式记账法是以会计等式为依据建立的一种记账方法，具有以下两个明显特点：

(1) 对于发生的每一项经济业务，都要在两个或两个以上相互联系的账户中同时登记。

(2) 由于每项经济业务发生后，都要以相等的金额在相关账户中登记，因此可以对账户记录的结果进行试算平衡，以便检查账户记录的正确性。

采用复式记账，能够全面、完整地反映经济业务的发生情况。所谓全面，就是对所有的经济业务都能反映，不管这项业务是否涉及货币资金收付、往来款的结算。所谓完整，就是每一项经济业务都能反映来龙去脉。采用复式记账，有完整的账户体系。即它的账户设置比较全面，账户与账户之间存在相互联系。这样，可以通过账户之间的相互关系，检查经济业务的处理是否基本正确；也能够通过试算平衡，检查账户记录和计算是否基本正确。

二、记账方法选择

复式记账法按其记账原理、记账符号、记账规则和试算平衡方法等方面的区别，可以分为借贷记账法、增减记账法和收付记账法等。目前，世界上普遍采用的复式记账方法是借贷记账法。我国《企业会计准则》规定：“会计记账采用借贷记账法”。因此，借贷记账法是我国企业会计通用的一种复式记账法。

第二节　借贷记账法

一、借贷记账法的定义

借贷记账法是指用“借”、“贷”二字作为记账符号，以“有借必有贷、借贷必相等”为记账规则，在账户中记录项目增减变动情况和结果的一种复式记账法。

二、借贷记账法的内容

（一）记账符号

借贷记账法以“借”、“贷”为记账符号，分别作为账户的左方和右方，将会计科目左方称为借方，右方称为贷方。至于“借”表示增加还是“贷”表示增加，则取决于账户的性质及结构。在现代会计中，“借”（Debit 简写为 Dr）和“贷”（Credit 简写为 Cr）两字已成为会计中的通用语言。

（二）账户结构

账户结构是指使用账户的方法，即账户的借方和贷方各登记什么样的经济业务，余额在哪一方，表示何种经济含义。根据账户所反映的经济内容，生产型企业的账户，一般分为资产类、负债类、所有者权益类、成本类和损益类五类。

1. 资产类账户结构

资产类账户的结构是借方记录资产的增加额，贷方记录资产的减少额，资产类账户期末如有余额，一般在借方，表示期末资产的实有数额，如图 3.1 所示。

借方　　　　资产类账户　　　　贷方

期初余额×××	
(1)本期增加额××× (2)本期增加额×××	(1)本期减少额××× (2)本期减少额×××
本期借方发生额合计	本期贷方发生额合计
期末余额×××	

图 3.1　资产类账户结构

资产类账户的内部关系如下式，也是计算其期末余额的公式：

资产类账户期末借方余额＝期初借方余额＋本期借方发生额－本期贷方发生额

特殊资产类科目如累计折旧、存货跌价准备、累计摊销等备抵账户是贷方增加，借方减少。

2. 负债类账户结构

负债类账户的结构是科目的贷方记录负债的增加额，借方记录负债的减少额，负债类账户期末如有余额，一般在贷方，表示期末负债的实有数额，如图 3.2 所示。

借方	负债类账户　　　　贷方
	期初余额×××
(1) 本期减少额××× (2) 本期减少额×××	(1) 本期增加额××× (2) 本期增加额×××
本期借方发生额合计	本期贷方发生额合计
	期末余额×××

图 3.2　负债类账户结构

负债类账户的内部关系如下式,也是计算其期末余额的公式:

负债类账户期末贷方余额＝期初贷方余额＋本期贷方发生额－本期借方发生额

3. 所有者权益类账户结构

所有者权益类账户的结构是科目的贷方记录所有者权益的增加额,借方记录所有者权益的减少额,所有者权益类账户期末如有余额,一般在贷方,表示期末所有者权益的实有数额,如图 3.3 所示。

借方	所有者权益类账户　　　　贷方
	期初余额×××
(1) 本期减少额××× (2) 本期减少额×××	(1) 本期增加额××× (2) 本期增加额×××
本期借方发生额合计	本期贷方发生额合计
	期末余额×××

图 3.3　所有者权益类账户

所有者权益类账户的内部关系如下式,也是计算其期末余额的公式:

所有者权益类账户期末贷方余额＝期初贷方余额＋本期贷方发生额－本期借方发生额

4. 成本类账户结构

成本类账户是用来反映企业在生产经营过程中应计入产品成本的各项费用。由于产品生产完工时转化为产成品资产形式,因此成本类账户的结构与资产类账户一致:科目的借方记录成本的增加额,贷方记录成本的减少额。会计期末,如果已经发生的所有成本均已转出,则期末没有余额;如果尚有一部分成本没有转出,则会有借方余额,表示期末在产品的成本数额,如图 3.4 所示。

借方	成本类账户　　　　　　贷方
期初余额×××	
(1) 本期增加额××× (2) 本期增加额×××	(1) 本期减少额××× (2) 本期减少额×××
本期借方发生额合计	本期贷方发生额合计
期末余额×××	

图 3.4　成本类账户结构

成本类会计账户的内部关系如下式，也是计算其期末余额的公式：

成本类账户期末借方余额＝期初借方余额＋本期借方发生额－本期贷方发生额

5. 损益类账户结构

损益类账户包括收入类账户和费用类账户。收入类账户的结构是：科目的贷方记录收入的增加额，借方记录收入的减少额及转出额，期末一般没有余额，如图3.5所示。费用类账户的结构是：科目的借方记录费用的增加额，贷方记录费用的减少额及转出额，期末没有余额，如图3.6所示。

借方	收入类账户　　　　　　贷方
(1) 本期减少额××× (2) 本期减少额×××	(1) 本期增加额××× (2) 本期增加额×××
本期借方发生额合计	本期贷方发生额合计

图 3.5　收入类账户结构

借方	费用类账户　　　　　　贷方
(1) 本期增加额××× (2) 本期增加额×××	(1) 本期减少额××× (2) 本期减少额×××
本期借方发生额合计	本期贷方发生额合计

图 3.6　费用类账户结构

（三）记账规则

记账规则是指运用记账方法记录经济业务时应遵循的规律。借贷记账法的记账规则是“有借必有贷，借贷必相等”。

“有借必有贷”是指对于发生的每一笔经济业务，在一个或几个账户中记借方，同时必须在另一个或几个账户中记贷方。“借贷必相等”是指记入借方的金额与记入贷方的金额必须相等。

根据借贷记账法的账户结构及记账规则的运用，可以归纳如下：

(1) 资产增加（记入账户的借方），同时权益增加（记入账户的贷方），总额增加；

(2) 资产减少（记入账户的贷方），同时权益减少（记入账户的借方），总额减少；

(3) 资产内部有增（记入账户的借方）有减（记入账户的贷方），总额不变；

(4) 权益内部有增（记入账户的贷方）有减（记入账户的借方），总额不变。

现以A公司发生有经济业务为例说明借贷记账法的记账规则。

【例 3-1】 企业收到投资人投入的一台价值200 000元的全新汽车一辆。此项业务中，一方面使资产类中的“固定资产”账户增加200 000元，记入该账户借方；另一方面使权益类中的“实收资本”账户增加200 000元，记入该账户贷方，借贷金额相等。

固定资产		实收资本	
200 000			200 000

【例 3-2】 企业用银行存款100 000元偿还一笔前欠的货款。此项业务中，一方面使资产类中的“银行存款”账户减少100 000元，记入该账户贷方；另一方面使权益类中的“应付账款”账户减少100 000元，记入该账户借方，借贷金额相等。

应付账款		银行存款	
100 000			100 000

【例 3-3】 企业收到一笔应收货款150 000元，存入银行。此项业务中，一方面使资产类中的“银行存款”账户增加150 000元，记入该账户借方；另一方面使资产类中的“应收账款”账户减少150 000元，记入该账户的贷方，借贷金额相等。

银行存款		应收账款	
150 000			150 000

【例 3-4】 企业从银行借入短期借款8 000元，直接偿还应付账款。此项业务中，一方面使权益类中的“短期借款”账户增加8 000元，记入该账户贷方；另一方面使权益类中的“应付账款”账户减少8 000元，记入该账户借方，借贷金额相等。

应付账款	
8 000	

短期借款	
	8 000

记账规则是从运用借贷记账法记账中概括出来的。在概括出"有借必有贷,借贷必相等"的记账规则后,就可以反过来运用记账规则来记账,同时也可以用来核对和检查账户记录的正确性。

(四) 试算平衡

试算平衡是指以会计恒等式和借贷记账规则为理论基础,根据资产与权益之间的平衡关系,按照记账规则的要求,通过对所有会计科目记录的汇总和计算,来检查各类会计科目的记录是否正确的一种方法。包括发生额试算平衡法和余额试算平衡法两种方法。

1. 账户发生额试算平衡法

账户发生额试算平衡法是根据本期所有账户借方发生额合计与贷方发生额合计的恒等关系,检验本期发生额记录是否正确的方法。

根据借贷记账法的记账规则,每一笔会计分录中,借、贷两方的金额完全相等。因此,一定时期内汇总全部经济业务的所有会计分录的发生额必然形成全部账户的借方发生额之和等于全部账户的贷方发生额之和,这就是借贷记账法发生额试算平衡的依据。具体试算平衡公式如下:

全部账户本期借方发生额合计=全部账户本期贷方发生额合计

对上述四项业务进行账务处理后,编制发生额试算平衡表,如表 3.1 所示。

表 3.1 本期发生额试算平衡表

× 年 ×月　　　　单位:元

会计科目	借方发生额	贷方发生额
固定资产	200 000	
银行存款	150 000	100 000
应收账款		150 000
短期借款		8 000
应付账款	108 000	
实收资本		200 000
合　计	458 000	458 000

2. 账户余额试算平衡法

账户余额试算平衡法是根据本期所有账户借方余额合计与贷方余额合计的恒等关系，检验本期账户记录是否正确的方法。借贷记账法是以“资产＝负债＋所有者权益”这一会计基本等式作为记账原理的。同时，“借”和“贷”这一对记账符号，对于会计基本等式两边的不同性质的账户规定了相反的含义，使资产类账户的余额在借方，负债及所有者权益类账户余额在贷方。因此，某一特定时日，全部账户的期末借方余额之和，必然等于全部账户期末贷方余额之和。这就是借贷记账法下余额试算平衡的依据。

根据余额时间的不同，余额试算平衡又分为期初余额平衡和期末余额平衡两类，试算平衡公式分别为：

全部会计账户的借方期初余额合计＝全部会计账户的贷方期初余额合计

全部会计账户的借方期末余额合计＝全部会计账户的贷方期末余额合计

实务中，余额试算平衡是通过编制试算平衡表来完成的。

根据前述例题中四项经济业务编制的会计分录，补充期初余额资料，编制总分类账户发生额及余额试算表，如表 3.2 所示。

表 3.2　试算平衡表

××年×月　　　　单位：元

会计科目	期初余额		本期发生额		期末余额	
	借方	贷方	借方	贷方	借方	贷方
库存现金	500				500	
银行存款	100 000		150 000	100 000	150 000	
应收账款	170 000			150 000	20 000	
原材料	109 500				109 500	
固定资产	500 000		200 000		700 000	
短期借款		30 000		8 000		38 000
应付账款		150 000	108 000			42 000
实收资本		600 000		200 000		800 000
资本公积		100 000				100 000
合　计	880 000	880 000	458 000	458 000	980 000	980 000

表 3.2 试算平衡表根据有关账户本期发生额和余额填列。表 3.2 表明，所有账户期初借方余额合计 880 000 元与贷方余额合计 880 000 元相等；所有账户本期借方发生额合计 458 000 元与贷方发生额合计 458 000 元相等；所有账户期末借方余额合计 980 000 元与期末贷方余额合计 980 000 元相等。

在编制试算平衡表时，还应注意以下几点：

首先，必须保证所有会计账户的余额均已记入试算平衡表。

其次，如果试算平衡表借贷不相等，肯定会计账户记录有错误，应认真查找，直到实现平衡为止。

最后，即使实现了有关三栏的平衡关系，并不能说明会计账户记录绝对正确，因为有些错误并不影响借贷双方的平衡关系。比如，一笔经济业务事项重复记录；借、贷方同时漏记；会计分录的借贷方向被颠倒；用错会计科目名称。

（五）会计分录

为了保障账户记录的正确性，在把经济业务数据记入账户之前，要根据经济业务的原始凭证编制会计分录。

1. 会计分录概念

会计分录是确定每项经济业务应借和应贷的账户名称、方向及金额的一种记录。会计分录包括三个要素，即账户的名称、记账方向和记账金额。在我国会计实践中，会计分录习惯通过编制记账凭证进行。在教学过程中，则采用下列格式书写会计分录：

借：账户名称　　××××

　贷：账户名称　　××××

利用上述格式书写会计分录，应做到以下几点：

(1) 先借后贷，贷方记录写在借方记录的下面一行；

(2) 借、贷分行写，且文字和金额都要错开一到两个字节；

(3) 每行先写借或贷，再写账户名称，最后写金额；

(4) 金额后不要写计量单位；

(5) 在多借多贷的情况下，要求借方或贷方账户的文字和金额数字必须分别对齐；

(6) 若有二、三级明细分类账户，应在总分类账户后依次划杠说明。

2. 会计分录分类

会计分录按照所涉及账户的多少，分为简单会计分录和复合会计分录。

(1) 简单会计分录指只涉及一个借方账户和另一个贷方账户的会计分录，即一借一贷的会计分录。

(2) 复合会计分录指由两个以上账户所组成的会计分录,即一借多贷或一贷多借的会计分录。复合会计分录可分解为若干简单会计分录。

在实际工作中,一般只能是在一笔经济交易或事项客观存在复杂关系时,才需要编制多借多贷的复合会计分录。不允许将不同类型的交易或事项合并编制多借多贷的会计分录。

3. 会计分录编制方法

编制会计分录一般分以下步骤进行:

(1) 分析经济交易或事项涉及的会计科目;

(2) 确定涉及的会计科目是增加,还是减少;

(3) 确定哪个(或哪些)会计科目记借方,哪个(或哪些)会计科目记贷方;

(4) 确定应借应贷会计科目是否正确,借贷方金额是否相等。

现以A公司为例,根据以下经济业务,作会计分录如下:

【例3-5】 从A工厂购入原材料30 000元,验收入库,货款以银行存款支付10 000元,尚欠20 000元。分录为:

借:原材料　　30 000

　贷:银行存款　　10 000

　　应付账款　　20 000

【例3-6】 生产产品直接耗用原材料40 000元,厂部管理部门领用原材料5 000元,共计45 000元。分录为:

借:生产成本　　40 000

　管理费用　　5 000

　贷:原材料　　45 000

4. 对应账户

采用借贷记账法,对于每一项经济业务,都涉及应借和应贷的账户。经济业务的发生会使两个或两个以上账户形成相互依存的关系,账户之间的这种相互依存的关系称为账户的对应关系。存在对应关系的账户,称之对应账户。

例如,从银行取现金400元:借记"库存现金",贷记"银行存款",此时"库存现金"与"银行存款"存在对应关系,二者称为对应账户。

利用账户的对应关系,可以了解经济业务的内容,试算平衡,检查经济业务的合法性和合理性。

第三节 总分类账户与明细分类账户平行登记

一、总分类账户与明细分类账户

(一) 总分类账户

总分类账户是指根据总分类科目设置的,用于对会计要素具体内容进行总括分类核算的账户,也称总账账户或总账。它只采用货币计量进行登记。目前总分类账户一般根据国家统一的会计制度的有关规定设置。根据账户所反映的经济内容,通常可将总分类账户分为资产类账户、负债类账户、所有者权益类账户、成本类账户、损益类账户五类。

(二) 明细分类账户

明细分类账户是根据明细分类科目设置的,用来对会计要素具体内容进行明细分类核算的账户,简称明细账。同会计科目一样,明细分类账户也可再分为二级账户、三级账户等。实际工作中,将总账账户称为一级账户,总账以下的账户称为明细账户。如原材料总账可分为原料、主要材料、辅助材料等二级账户,主要材料账户又可分为钢材、木材等三级账户,如表 3.3 所示。明细分类账户是根据某一总分类账户的核算内容和会计主体管理上的要求设置的,它用来提供比较详细的核算资料。为了满足管理上的需要,明细分类账户除了采用货币计量单位进行登记以外,有的还应同时采用实物计量单位进行登记。

表 3.3 总分类账与明细分类账对比表

总账分类账户(一级账户)	明细分类账户	
	二级明细分类账户	三级明细分类账户
原材料	原料及主要材料	圆钢、角钢
	辅助材料	润滑剂、石炭酸
	燃料	汽油、原煤

二、总分类账户与明细分类账户的关系

总分类账户与明细分类账户都是根据相同的经济业务来登记的，它们核算的对象相同，登记时的原始依据也相同。总分类账户是所属明细分类账户资料的综合，对所属明细分类账户起统驭作用。明细分类账户从属于总分类账户，它具体地、详细地说明总分类账户的内容，是有关总分类账户的补充和具体化。具体可总结为：总分类科目与其所属明细分类科目在总金额上应当相等；反映的经济业务的内容相同；登记账簿的原始依据相同。两者的区别为反映的经济业务内容详细程度不同；作用不同，总分类科目对明细分类科目具有统驭控制作用；明细分类科目对总分类科目具有补充说明作用。

三、总分类账户与明细分类账户平行登记的方法

总分类账户与明细分类账户平行登记是指对所发生的每项经济业务事项都要以会计凭证为依据，一方面记入有关总分类账户，另一方面记入有关总分类账户所属明细分类账户的方法。利用总分类账户与其所属明细分类账户平行登记的要求，我们可以通过定期核对双方记录，检查账户的记录是否正确、完整。

总分类账户和明细分类账户平行登记的要点，可以概括为以下四点：

1. 依据相同

所依据会计凭证相同。

2. 方向相同

借贷方向相同。即将经济业务记入总分类科目和明细分类账科目，记账方向必须相同。

3. 期间相同

所属会计期间相同。即对每项经济业务在记入总分类科目和明细分类科目过程中，可以有先有后，但必须在同一会计期间全部予以登记（并不是必须在同一天平行登记）。

4. 金额相等

计入总分类科目的金额与计入其所属明细分类科目的金额合计相等。

平行登记包含了总分类科目本期发生额与其所属明细分类科目本期发生额的合计相等，总分类科目期末余额与其所属明细分类科目期末余额的合计相等两层含义。

现以 A 公司“原材料”和“应付账款”两个账户为例，说明总分类账户和明细分

类账户平行登记的方法。

A 公司 2014 年 5 月 1 日“原材料”账户账面余额 160 000 元,“应付账款”账面余额 50 000 元,其有关明细账户的账面余额分别见表 3.4 和表 3.5 所示。

表 3.4　原材料明细

材料名称	计量单位	数量	单位(元)	金额(元)
甲材料	千克	5 000	20	100 000
乙材料	千克	6 000	10	60 000
合　计				160 000

表 3.5　应付账款明细

账户名称:B公司　　单位:元

债权人名称	应付账款金额(元)
A公司	30 000
B公司	12 000
C公司	8 000

该企业 2014 年 5 月份发生以下经济业务(为简化,本部分的例题中不考虑有关税收的因素):

(1) 5 月 6 日以银行存款 20 000 元偿还前欠货款,其中 A 公司 12 000 元,C 公司 8 000 元。会计分录为:

借:应付账款——A 公司　　12 000
　　　　　——C 公司　　8 000
　贷:银行存款　　20 000

(2) 5 月 10 日向 A 公司购入甲材料 500 千克,每千克 20 元,货款以银行存款支付。会计分录为:

借:原材料——甲材料　　10 000
　贷:银行存款　　10 000

(3) 5 月 8 日向 B 公司购入乙材料 500 千克,每千克 10 元,货款尚未支付。会计分录为:

借:原材料——乙材料　　5 000
　贷:应付账款——B 公司　　5 000

(4) 5 月 25 日,本月仓库发出甲材料 4 500 千克,每千克 20 元,计 90 000 元,发出乙材料 2 000 千克,每千克 10 元,计 20 000 元。发出材料合计 110 000 元,均用于产品生产。会计分录为:

借:生产成本　　110 000

贷:原材料——甲材料 90 000

——乙材料 20 000

上述期初余额及本月发生额记入有关总分类账户及其明细分类账户。如表3.6至表3.12所示。

表 3.6 总分类账户

账户名称:原材料 单位:元

2014 年		凭证号数	摘要	借方	贷方	借或贷	余额
月	日						
5	1		月初余额			借	160 000
	10			10 000		借	170 000
	18			5 000		借	175 000
	25				110 000	借	65 000
			本月合计	15 000	110 000	借	65 000

表 3.7 原材料明细分类账户

账户名称:甲材料 单位:元

2014 年		摘要	收入			发出			余额		
月	日		数量(千克)	单价	金额	数量(千克)	单价	金额	数量(千克)	单价	金额
5	1	月初余额							5 000	20	100 000
	10	购入	500	20	10 000				5 500	20	110 000
	25	发出				4 500	20	90 000	1 000	20	20 000
	30	本月合计	500		10 000	4 500	20	90 000	1 000	20	20 000

表 3.8 原材料明细分类账户

账户名称:乙材料 单位:元

2014 年		摘要	收入			发出			结余		
月	日		数量(千克)	单价	金额	数量(千克)	单价	金额	数量(千克)	单价	金额
5	1	月初余额							6 000	10	60 000
	18	购入	500	10	5 000				6 500	10	65 000
	25	发出				2 000	10	20 000	4 500	10	45 000
	30	本月合计	500		5 000	2 000		20 000	4 500	10	45 000

表 3.9 总分类账户

账户名称:应付账款 单位:元

2014年		凭证号数	摘要	借方	贷方	借或贷	余额
月	日						
5	1		月初余额			贷	50 000
	6		偿还欠款	20 000		贷	30 000
	18		购料欠款		5 000	贷	35 000
	30		本月合计	20 000	5 000	贷	35 000

表 3.10 应付账款明细分类账户

账户名称:A公司 单位:元

2014年		凭证号数	摘要	借方	贷方	借或贷	余额
月	日						
5	1		月初余额			贷	30 000
	6		偿还欠款	12 000		贷	18 000
	30		本月合计	12 000		贷	18 000

表 3.11 应付账款明细分类账户

账户名称:B公司 单位:元

2014年		凭证号数	摘要	借方	贷方	借或贷	余额
月	日						
5	1		月初余额			贷	12 000
	18		购料欠款		5 000	贷	17 000
	30		本月合计		5 000	贷	17 000

表 3.12　应付账款明细分类账户

账户名称:C公司　　　　　　　　　　　　　　　　　　单位:元

2014年		凭证号数	摘要	借方	贷方	借或贷	余额
月	日						
5	1		月初余额			贷	8 000
	6		偿还欠款	8 000		贷	
	30		本月合计	8 000		平	0

本章小结

记账方法是在账户中记录经济业务所采用的方法。按其记账方式可分为单式记账法和复式记账法两种。单式记账法是对发生的每一笔经济业务,只在一个账户中进行单方面记录的一种方法。复式记账法是对发生的每一项经济业务,都以相等的金额,在两个或两个以上相互联系的账户中同时进行记录的一种方法。我国《企业会计准则》规定:“会计记账采用借贷记账法”。借贷记账法是指用“借”、“贷”作为记账符号,以“有借必有贷、借贷必相等”为记账规则,在账户中记录项目增减变动情况和结果的一种复式记账法。记账规则是指运用记账方法记录经济业务时应遵循的规律。试算平衡是指以会计恒等式和借贷记账规则为理论基础,根据资产与权益之间的平衡关系,按照记账规则的要求,通过对所有会计科目记录的汇总和计算,来检查各类会计科目的记录是否正确的一种方法,包括发生额试算平衡法和余额试算平衡法两种方法。总分类账户是指根据总分类科目设置的,用于对会计要素具体内容进行总括分类核算的账户,也称总账账户或总账。明细分类账户是根据明细分类科目设置的,用来对会计要素具体内容进行明细分类核算的账户,简称明细账。总分类账户与明细分类账户都是根据相同的经济业务来登记的,它们核算的对象相同,登记时的原始依据也相同。

思考题

1. 什么是单式记账?什么是复式记账?
2. 什么是借贷记账法?
3. 借贷记账法记账的内容要点是什么?

4. 什么是会计分录？

5. 什么是账户对应关系和对应账户？

6. 什么是总分类账户和明细分类账户？总分类账户与明细分类账户平行登记的内容是什么？

第四章　工业企业经济业务的核算

学习目标

了解会计账户的设置、工业企业的主要经济业务及会计核算流程，掌握工业企业基本经济业务核算。

第一节　工业企业主要经济活动

一、工业企业的定义

工业企业是指从事生产、流通、服务等经济活动，实行自主经营、自负盈亏、独立、依法成立的基本经济组织。

二、工业生产经营过程

工业企业的生产经营过程，是一个“投入——生产——销售”的过程，即企业首先从投资人处取得一定量的资本，然后和其他资本共同投入到生产经营过程，经过生产要素的融合，形成满足社会需要的产品，通过销售方式，形成销售收入，收入和费用配比，形成企业利润。

工业企业的产品生产经营过程，同时也是资金运动过程，其资金运动轨迹主要有资金进入企业、资金在企业内部的循环周转和资金退出企业。资金进入企业主要形式是投资者和债权人向企业提供资金；资金在企业的内部循环主要表现为进入企业的资金，依次经过供、产、销三个阶段，资金形态相继转化为储备资金、生产资金、成品资金，最后又回到货币资金形态；资金退出企业主要表现为投资的返还、红利的分配、债务的清偿、利息的支付和税金的上缴等。资金从货币资金形态出发，最后又回到货币资金形态的这一转化过程，称为资金循环。由于企业的生产经营活动是持续进行的，故其资金循环重复不断，这种重复不断的资金循环，就是资金周转。

综上所述，工业企业的主要经济业务，一般包括资金筹集、资金使用、资金营运和资金退出等业务。企业日常会计核算，一般分为资金筹集业务核算、供应过程业务核算、生产过程业务核算、销售过程业务核算和分配过程业务核算。

由于工业企业生产经营过程比较复杂，我们掌握了工业企业主要经济业务核算，通过举一反三，就可以掌握其他类型企业会计业务核算。本书以工业企业主要经济业务为例，介绍工业企业会计核算过程。

第二节　资金筹集业务的核算

筹资是企业资金运动的起点。首先，企业需要从投资者那里筹集到一定量的自有资金也即资本金；其次，企业根据筹资规模，一般还需要向债权人借入一定量的资金。在筹资过程中，会计核算的主要内容有投资者投入资本的核算和企业借入资金的核算。

一、投入资本的核算

投入资本是投资者实际投入企业从事生产经营活动的各种经济资源，就其形态而言，可以是现金、银行存款等货币形态的资本，也可以是存货、固定资产等实物形态的资本，还可以是专利权、商标权等无实物形态的资本。投入资本按其投资主体不同，可分为国家投入资本、法人投入资本、个人投入资本和外商投入资本等。

（一）设置账户

一个账户和另一个账户的本质差别体现在四个方面：① 账户的性质（账户所反映的经济内容）；② 账户的用途；③ 账户的结构；④ 账户的明细核算方法。因此，本章设置的每个账户都从这四个方面展开。投入资本的核算，一般应设置“实收资本”、“资本公积”账户。

1. “实收资本”账户

（1）账户的性质：所有者权益。

（2）账户的用途：用来核算和监督有限责任公司的投资者，按照企业章程规定所投入资本的增减变动情况及其结果。

(3) 账户的结构:贷方登记实收资本的增加额;借方登记实收资本的减少额;期末余额在贷方,表示投入资本的实有数额。如图 4.1 所示。

借方　　　　实收资本	贷方
投入资本的减少	收到投资者投入的资本
	余额:期末投入资本的实有数额

图 4.1 "实收资本"账户的结构

(4) 明细分类账户的设置:本账户应按投资人、投资单位设置明细分类账户,进行明细核算。

2. "资本公积"账户

(1) 账户的性质:所有者权益。

(2) 账户的用途:核算和监督企业资本公积的取得和使用情况。资本公积包括资本溢价、股本溢价和其他资本公积。

(3) 账户的结构:贷方登记资本公积的增加额;借方登记资本公积的减少额;期末余额在贷方,表示资本公积金的实有数额。如图 4.2 所示。

借方　　　　资本公积	贷方
转增资本金数额	增加资本公积数
	余额:期末实有的资本公积

图 4.2 "资本公积"账户的结构

(4) 明细分类账户的设置:本账户应按资本公积形成的类别设置明细分类账户,进行明细核算。

(二) 账务处理

【例 4-1】 2012 年 12 月 10 日,B 公司和 C 公司共同出资设立 M 公司,B 公司出资 300 000 元,C 公司出资 200 000 元,款项已存入银行。

该项经济业务的发生,引起银行存款、实收资本增加。银行存款是资产类账户,其增加应记入"银行存款"账户的借方;实收资本是所有者权益类账户,其增加应记入"实收资本"账户的贷方。会计分录如下:

借:银行存款　　500 000

　贷:实收资本——B 公司　　300 000

　　　　　　——C 公司　　200 000

【例 4-2】 2013 年 12 月 20 日,D 公司经与 M 公司董事会协商,愿意以一项专利权出资入股，双方确认的价值为 100 000 元，D 公司占有 M 公司的股份比例为 10%。

该项经济业务的发生，引起企业的无形资产、实收资本和资本公积同时增加。无形资产是资产类账户，其增加应记入"无形资产"账户的借方；实收资本和资本公积是所有者权益类账户，其增加应记入"实收资本"、"资本公积"账户的贷方。会计分录如下：

借：无形资产　　100 000

　　贷：实收资本——D公司　　50 000

　　　　资本公积——资本溢价　　50 000

二、借入资金的核算

企业借入的资金主要来源于银行和其他非银行金融机构的各种借款，期限在1年以下(含1年)的借款为短期借款，期限在1年以上(不含1年)的借款为长期借款。本书仅介绍短期借款的核算。

(一) 设置账户

短期借款的核算应该设置"短期借款"账户。

(1) 账户的性质：负债。

(2) 账户的用途：用来核算与监督企业向银行或其他非银行金融机构借入的期限在1年以下(含1年)的各种借款。

(3) 账户的结构：贷方登记借入的各种短期借款；借方登记归还的各种短期借款；期末余额在贷方，表示期末尚未归还的各种短期借款。如图 4.3 所示。

借方　　　短期借款	贷方
归还短期借款	取得短期借款
	余额：期末尚未归还的短期借款

图 4.3 "短期借款"账户的结构

(4) 明细分类账户的设置：本账户应按债权人和贷款种类设置明细分类账，进行明细核算。

(二) 账务处理

【例 4-3】 2013 年 12 月 13 日，M 公司取得中国工商银行借款 80 000 元，期限为 6 个月，款项已存入银行。

该项经济业务的发生，引起企业的银行存款和短期借款同时增加。银行存款是资产类账户，其增加应记入“银行存款”账户的借方；短期借款是负债类账户，其增加额应记入“短期借款”账户的贷方。会计分录如下：

借：银行存款　　80 000

　贷：短期借款——工商银行　　80 000

第三节　供应过程业务的核算

企业筹措了一定数量的经营资金之后，紧接着就是为生产做准备，其主要内容一方面是购建厂房、机器、设备等固定资产，另一方面是采购生产产品需要的各种材料，因此固定资产的购建业务和原材料的采购业务就是生产准备业务核算的主要内容。

一、购入固定资产的核算

固定资产是指企业使用期限超过1年的有形资产。如房屋、建筑物、机器、运输工具以及其他与生产经营有关的设备、工具、器具。

（一）设置账户

为了核算和监督固定资产购建的过程与结果，设置“固定资产”和“在建工程”账户。

1. “固定资产”账户

（1）账户的性质：资产。

（2）账户的用途：用来核算和监督固定资产原始价值的增减变动及结存情况。

（3）账户的结构：借方登记固定资产增加的原始价值；贷方登记固定资产减少的原始价值；期末余额在借方，表示期末结存的固定资产原始价值。如图4.4所示。

借方　　固定资产　　贷方

借方	贷方
增加固定资产的原始价值	减少固定资产的原始价值
余额：结存固定资产的原始价值	

图4.4　“固定资产”账户的结构

(4) 明细分类账户的设置:企业应当设置“固定资产登记簿”和“固定资产卡片”,按固定资产类别、使用部门和每项固定资产设置明细分类账,进行明细核算。

2. “在建工程”账户

(1) 账户的性质:资产。

(2) 账户的用途:用来核算和监督没有完工的固定资产价值的增减变动及结存情况。

(3) 账户的结构:借方登记其增加额;贷方登记其减少额;期末余额在借方,表示未完工固定资产成本。如图 4.5 所示。

借方 在建工程	贷方
其增加额	其减少额
余额:没有完工的固定资产价值	

图 4.5 “在建工程”账户的结构

(4) 明细分类账户的设置:企业应当按固定资产类别、使用部门和每项固定资产设置明细分类账进行明细核算。

(二) 账务处理

【例 4-4】 2013 年 12 月 14 日,M 公司购入不需安装的生产设备一台,价款为 50 000 元,增值税税率为 17%,增值税额为 8 500 元,价税合计 58 500 元,已用银行存款付讫。

该项经济业务的发生,引起企业的固定资产增加,应交税费及银行存款的减少。固定资产是资产类账户,其增加应记入“固定资产”账户的借方;应交税费是负债类账户,其减少应记入“应交税费——应交增值税(进项税额)”账户的借方;银行存款是资产类账户,其减少应记入“银行存款”账户的贷方。会计分录如下:

借:固定资产	50 000	
应交税费——应交增值税(进项税额)	8 500	
贷:银行存款		58 500

【例 4-5】 2013 年 12 月 15 日,M 公司购入需要安装的管理用设备一台,价款为 50 000 元,增值税税率为 17%,增值税额为 8 500 元,价税合计 58 500 元,支付安装费 1 000 元,均已用银行存款付讫。

该项经济业务的发生,引起企业的在建工程及固定资产增加,银行存款的减少。固定资产和在建工程是资产类账户,其增加应记入“固定资产”、“在建工程”账户的借方;银行存款是资产类账户,其减少应记入“银行存款”账户的贷方。会计分录如下:

支付设备款：

借：在建工程　　　　50 000

　　应交税费——应交增值税（进项税额）　　　　8 500

　　贷：银行存款　　　　58 500

支付安装费：

借：在建工程　　　　1 000

　　贷：银行存款　　　　1 000

安装完毕，交付使用：

借：固定资产　　　　51 000

　　贷：在建工程　　　　51 000

二、材料采购业务的核算

材料采购过程是制造企业将筹资阶段所筹集得的资金投入使用，在这一过程中，企业要按照生产计划、材料采购计划组织原材料的采购，是产品生产的准备过程。

（一）设置账户

根据材料采购业务的核算内容及其相关的款项结算方式，设置“在途物资”、“原材料”、“应付账款”、“应付票据”、“预付账款”、“应交税费”等账户。

1. “在途物资”账户

（1）账户的性质：资产。

（2）账户的用途：用来核算材料采购过程的成本，材料采购过程的成本一般包括材料的买价、运杂费、装卸费、运输途中的合理损耗及入库前的挑选整理费用等。

（3）账户的结构：借方登记材料的买价及采购费用；贷方登记转入“原材料”等账户的材料实际采购成本；期末余额一般在借方，表示还没有验收入库材料的实际成本。如图 4.6 所示。

借方　　　　在途物资　　　　贷方

购入材料的买价和采购费用	已验收入库材料的实际成本
余额：没入库材料的实际成本	

图 4.6 “在途物资”账户的结构

（4）明细分类账户的设置：本账户应按材料的具体品种、规格等分别设置明细分类账户，进行明细核算。

2. “原材料”账户

(1) 账户的性质:资产。

(2) 账户的用途:用来核算和监督企业库存材料的增减变动及结存情况。

(3) 账户的结构:借方登记入库材料的实际成本;贷方登记发出材料的实际成本;期末余额在借方,反映库存材料的实际成本。如图 4.7 所示。

借方　　　　原材料	贷方
入库材料的实际成本	发出材料的实际成本
余额:期末结存材料的实际成本	

图 4.7 “原材料”账户的结构

(4) 明细分类账户的设置:本账户应按材料的具体品种、规格等分别设置明细分类账户,进行明细核算。

3. “应付账款”账户

(1) 账户的性质:负债。

(2) 账户的用途:用来核算企业因采购货物或接受劳务而发生的应付而未付给供应单位的款项。

(3) 账户的结构:贷方登记因采购货物而发生的未付给供应单位的款项;借方登记已偿还的款项;期末余额一般在贷方,表示尚未偿还的应付款项。如图 4.8 所示。

借方　　　　应付账款	贷方
偿还应付供应单位款项	应付供应单位款项
	余额:尚未偿还的应付款项

图 4.8 “应付账款”账户的结构

(4) 明细分类账户的设置:本账户应按供应单位设置明细分类账户,进行明细核算。

4. “应付票据”账户

(1) 账户的性质:负债。

(2) 账户的用途:用来核算企业因购买材料、商品和接受劳务等而出具的商业汇票,包括银行承兑汇票和商业承兑汇票。

(3) 账户的结构:贷方登记企业开出承兑汇票;借方登记偿还应付票据款;期末余额在贷方,表示企业持有的尚未到期的应付票据款项。如图 4.9 所示。

借方	应付票据 贷方
本期偿付的应付票据款	本期增加的应付票据款
	余额:期末持有的尚未到期的应付票据款

图 4.9 “应付票据”账户的结构

(4) 明细分类账户的设置:企业不必设置明细分类账,但应设置“应付票据备查簿”,详细地记录每一票据的种类、签发日期、票面金额、收款人、付款日期和金额等资料。

5. “预付账款”账户

(1) 账户的性质:资产。

(2) 账户的用途:用来核算企业按照购货合同的规定,预付给供应单位的款项。

(3) 账户的结构:借方登记企业因购货而预付的款项和收到所购货物时因预付不足而补付的款项;贷方登记因收到所购货物而冲销的款项和因预付多余而退回的款项。期末若有借方余额,表示企业实际预付而尚未冲销的款项。如图 4.10 所示。

借方 预付账款	贷方
向供应单位预付款项	冲销预付供应单位款项
余额:期末实际预付而尚未结算的款项	

图 4.10 “预付账款”账户的结构

(4) 明细分类账户的设置:本账户应按供应单位设置明细分类账户,进行明细核算。

6. “应交税费”账户

(1) 账户的性质:负债。

(2) 账户的用途:用来核算企业应缴纳的各种税费,反映企业与税务机关之间有关税费的结算情况。

(3) 账户的结构:贷方登记应缴纳的各种税费;借方登记实际上缴的各种税费。期末余额可能在贷方,也可能在借方。若为贷方余额,表示应交未交的税费;若为借方余额,则表示多交的税费。如图 4.11 所示。

借方	应交税费 贷方
实际已缴纳的各种税费	应缴纳的各种税费
余额:多交的税费	余额:未交的税费

图 4.11 “应交税费”账户的结构

(二) 账务处理

【例 4-6】 2013 年 12 月 16 日,M 公司从本地购入甲材料 5 000 千克,每千克 10 元,计 50 000 元,增值税进项税额 8 500 元。材料已验收入库,货款以银行存款支付。

该项经济业务的发生,引起企业的原材料增加,应交税费及银行存款的减少,原材料是资产类账户,其增加应记入“原材料”账户的借方;应交税费是负债类账户,其减少应记入“应交税费——应交增值税(进项税额)”账户的借方;银行存款是资产类账户,其减少应记入“银行存款”账户的贷方。会计分录如下:

借:原材料——甲材料	50 000	
应交税费——应交增值税(进项税额)	8 500	
贷:银行存款		58 500

【例 4-7】 2013 年 12 月 16 日,M 公司从异地购入乙材料 100 吨,每吨 600 元,价款 60 000 元,增值税进项税额 10 200 元。材料未验收入库,货款未付。

该项经济业务的发生,引起企业的在途物资及应付账款增加,应交税费减少,在途物资是资产类账户,其增加应记入“在途物资”账户的借方;应交税费是负债类账户,其减少应记入“应交税费——应交增值税(进项税额)”账户的借方;应付账款是负债类账户,其增加应记入“应付账款”账户的贷方。会计分录如下:

借:在途物资——乙材料	60 000	
应交税费——应交增值税(进项税额)	10 200	
贷:应付账款		70 200

乙材料验收入库时:

借:原材料	60 000	
贷:在途物资		60 000

【例 4-8】 2013 年 12 月 17 日,M 公司从本地购入丙材料 5 000 千克,每千克 8 元,计 40 000 元,增值税进项税额 6 800 元。材料已验收入库,货款以商业汇票结算。

该项经济业务的发生,引起企业的原材料及应付票据增加,应交税费减少,原材料是资产类账户,其增加应记入“原材料”账户的借方;应交税费是负债类账户,其减少应记入“应交税费——应交增值税（进项税额）”账户的借方；应付票据是负债类账户，其增加应记入“应付票据”账户的贷方。会计分录如下：

借：原材料——丙材料　　40 000
　应交税费——应交增值税（进项税额）　　6 800
　贷：应付票据　　46 800

【例 4-9】 2013 年 12 月 18 日，M 公司于 2013 年 6 月 18 日出具的商业承兑汇票到期，以银行存款归还款项 40 000 元。

偿还到期出具的银行承兑商业汇票于该项经济业务的发生，引起企业的应付票据及银行存款减少，应付票据是负债类账户，其减少应记入“应付票据”账户的借方；银行存款是资产类账户，其减少应记入“银行存款”账户的贷方。会计分录如下：

借：应付票据　　40 000
　贷：银行存款　　40 000

【例 4-10】 2013 年 12 月 19 日，M 公司拟购甲材料一批，按照购货合同的规定向 E 公司预付货款 10 000 元。

该项经济业务的发生，引起企业的预付账款增加，银行存款减少，预付账款是资产类账户，其增加应记入“预付账款”账户的借方；银行存款是资产类账户，其减少应记入“银行存款”账户的贷方，会计分录如下：

借：预付账款　　10 000
　贷：银行存款　　10 000

【例 4-11】 接例 4-10，2013 年 12 月 23 日，M 公司从 E 公司购买的甲材料到货并已验收入库，发票上注明的材料价款金额为 20 000 元，增值税进项税额为 3 400元。货款先由例 4-10 中支付的预付账款冲抵，不足部分用银行存款补齐。

该项经济业务的发生，引起企业的原材料增加，应交税费及预付账款减少，原材料是资产类账户，其增加应记入“原材料”账户的借方；应交税费是负债类账户，其减少应记入“应交税费——应交增值税（进项税额）”账户的借方；预付账款是资产类账户，其减少应记入“预付账款”账户的贷方。会计分录如下：

借：原材料　　20 000
　应交税费——应交增值税（进项税额）　　3 400
　贷：预付账款　　23 400

补付不足部分 13 400(23 400－10 000)元。会计分录如下：

借：预付账款　　13 400
　贷：银行存款　　13 400

第四节　生产过程业务的核算

一、生产过程业务概述

工业企业在完成生产准备工作之后，进入产品生产环节。产品的生产过程，也是各项生产要素的耗费过程。生产费用的发生、归集和分配，以及产品成本的计算与形成，是产品生产业务核算的主要内容。

二、产品生产业务的核算

（一）设置账户

为了满足产品生产业务核算的需要，设置“生产成本”、“制造费用”、“应付职工薪酬”、“累计折旧”、“库存商品”等账户。

1. “生产成本”账户

（1）账户的性质：成本。

（2）账户的用途：用来归集和分配生产费用。

（3）账户的结构：借方登记应计入本期产品生产成本的直接材料、直接人工等直接费用和分配转入的制造费用；贷方登记本期结转完工入库产品的生产成本。期末若有余额，应在借方，表示期末尚未验收入库产品的成本。如图 4.12 所示。

借方　　　　　　生产成本	贷方
为生产产品所发生的费用	完工入库产品的生产成本
余额：尚未验收入库产品的成本	

图 4.12　“生产成本”账户的结构

（4）明细分类账户的设置：本账户应分别按照基本生产车间和成本核算对象设置明细分类账户，进行明细核算。

2. “制造费用”账户

（1）账户的性质：成本。

（2）账户的用途：用来归集和分配企业生产车间为生产产品和提供劳务而发

生的各项间接费用。如折旧费、修理费、办公费、水电费等。

(3) 账户的结构:借方登记本月发生的各种制造费用;贷方登记月末按一定标准分配转入各产品成本的制造费用;每期的制造费用经分配结转后,期末一般没有余额。如图 4.13 所示。

借方　　　　制造费用	贷方
本期发生的各种制造费用	转入"生产成本"账户,分配计入各种产品成本的制造费用

图 4.13 "制造费用"账户的结构

(4) 明细分类账户的设置:本账户应按不同车间和费用项目设置明细分类账户,进行明细核算。

3. "应付职工薪酬"账户

(1) 账户的性质:负债。

(2) 账户的用途:用来核算企业应付给职工各种薪酬总额,包括工资、奖金、津贴和福利费等。

(3) 账户的结构:贷方登记本月计提的应付职工薪酬总额;借方登记本月实际支付的职工薪酬金额。期末余额在贷方,表示本月应付未付的职工薪酬。如图 4.14所示。

借方　　　　应付职工薪酬	贷方
实际支付的职工薪酬	月末计算分配的职工薪酬
	余额:应付未付的职工薪酬

图 4.14 "应付职工薪酬"账户的结构

(4) 明细分类账户的设置:本账户应按职工薪酬的类别设置明细分类账户,进行明细核算。

4. "累计折旧"账户

(1) 账户的性质:资产。

(2) 账户的用途:用来核算和监督企业固定资产原始价值的减少。所谓固定资产折旧是指固定资产在使用过程中因为损耗而转移到成本费用中去的那部分价值。固定资产在使用过程中的损耗,具体包括有形损耗和无形损耗。其中,有形损耗是指固定资产在使用过程中不可避免发生的物质损耗;无形损耗也称精神损耗,是指由于劳动生产力的提高或科学技术的进步,导致固定资产相对贬值或提前报废而发生的损耗。

(3) 账户的结构：贷方登记固定资产的已计提折旧额；借方登记固定资产处置或盘亏而冲销的已提折旧额；期末余额在贷方，表示固定资产的累计折旧额。如图4.15所示。

借方	累计折旧 贷方
固定资产折旧的减少或注销	固定资产折旧的增加
	余额：固定资产的累计折旧

图4.15 "累计折旧"账户的结构

(4) 明细分类账户的设置：本账户只进行总分类核算，一般不进行明细分类核算。

5. "库存商品"账户

(1) 账户的性质：资产。

(2) 账户的用途：用来核算企业各种库存商品的增减变动。

(3) 账户的结构：借方登记已完工验收入库的产品实际生产成本；贷方登记发出产品的实际生产成本。期末余额在借方，表示期末库存产品的实际成本。如图4.16所示。

借方	库存商品 贷方
完工入库商品的实际成本	发出库存商品的实际成本
余额：库存商品的实际成本	

图4.16 "库存商品"账户的结构

(4) 明细分类账户的设置：本账户应按库存商品的种类、品种和规格设置明细分类账户进行明细核算。

(二) 账务处理

【例4-12】 M公司期末结算本期生产产品耗用的乙材料合计54 000元，其中生产A产品耗用50 000元，车间一般耗用4 000元。

该项经济业务的发生，引起企业的生产成本及制造费用增加，原材料减少，原材料是资产类账户，其减少应记入"原材料"账户的贷方；生产成本和制造费用是成本类账户，其增加应记入"生产成本"中"制造费用"账户的借方。会计分录如下：

借：生产成本——A产品　　50 000

　　制造费用　　4 000

贷:原材料—— 乙材料　　54 000

【例 4-13】 M 公司期末计提生产工人的工资合计为 26 000 元,其中 A 产品生产工人工资 21 000 元,车间管理人员工资 5 000 元。

该项经济业务的发生,引起企业的生产成本、制造费用及应付职工薪酬增加,生产成本和制造费用是成本类账户,其增加应记入"生产成本"中"制造费用"账户的借方,应付职工薪酬是负债类账户,其增加应记入"应付职工薪酬"账户的贷方。会计分录如下:

借:生产成本——A 产品　　21 000
　制造费用　　5 000
　贷:应付职工薪酬——工资　　26 000

固定资产折旧方法有多种,下面仅介绍平均年限折旧法,该法折旧额的计提公式如下:

$$某一固定资产年折旧额=\frac{固定资产原值-固定资产预计净残值}{固定资产预计使用年限}$$

$$某一固定资产月折旧额=该固定资产年折旧额\div 12$$

【例 4-14】 M 公司期末计提生产车间的固定资产折旧 4 000 元。

该经济业务的发生,使企业的制造费用和累计折旧同时增加。制造费用是成本类账户,其增加应记入 "制造费用"账户的借方;累计折旧是资产类账户,其增加同固定资产减少的记账方向相同,应记入"累计折旧"账户的贷方。会计分录如下:

借:制造费用　　4 000
　贷:累计折旧　　4 000

【例 4-15】 假设 M 公司只生产一种 A 产品,期末分配结转本期发生的制造费用为 13 000 元。

该经济业务的发生,使企业的生产成本增加,制造费用减少。制造费用是成本类账户,其增加应记入 "生产成本"账户的借方;制造费用是成本类账户,其减少应记入"制造费用"账户的贷方。会计分录如下:

借:生产成本　　13 000
　贷:制造费用　　13 000

【例 4-16】 M 公司本期生产 A 产品 100 件,假设期末全部完工,结转完工入库产品的实际成本为 84 000 元。

该经济业务的发生,使企业的库存商品增加,生产成本减少。库存商品是资产类账户,其增加应记入 "库存商品"账户的借方;生产成本是成本类账户,其减少应记入"生产成本"账户的贷方。会计分录如下:

借:库存商品——A 产品　　84 000
　贷:生产成本　　84 000

第五节 产品销售业务的核算

销售过程是企业生产经营活动的最后阶段，是实现企业经营目标的关键环节。产品销售业务核算的主要内容包括确认产品销售收入、与购货单位办理货款的结算、计算并结转产品销售成本、支付产品销售费用、计算相关税金等。

一、主营业务收支的核算

（一）设置账户

企业在主营业务收支的核算中，应设置“主营业务收入”、“应收账款”、“应收票据”、“预收账款”、“主营业务成本”、“营业税金与附加”等主要账户。

1. “主营业务收入”账户

(1) 账户的性质：损益类。

(2) 账户的用途：用来核算企业销售商品、提供工业性劳务及让渡资产使用权等日常活动所取得的收入。

(3) 账户的结构：贷方登记已确认的主营业务收入，借方登记销售退回、折让冲减的产品销售收入以及期末转入“本年利润”账户的数额，结转后本账户应无余额。如图 4.17 所示。

借方 主营业务收入	贷方
(1) 销售退回和销售折让冲减的收入 (2) 期末转入“本年利润”账户的本期发生额	本期实现的销售收入

图 4.17 “主营业务收入”账户的结构

(4) 明细分类账户的设置：本账户应按主营业务的种类设置明细分类账户，进行明细核算。

2. “应收账款”账户

(1) 账户的性质：资产。

(2) 账户的用途：用来核算企业因销售商品、提供劳务等形成的应收未收款项。

(3) 账户的结构:借方登记应向购买单位收取的账款;贷方登记已收回的账款;期末余额在借方,表示期末尚未收回的账款。如图4.18所示。

借方 应收账款	贷方
发生的应收账款	收回的应收账款
余额:尚未收回的应收账款	

图4.18 "应收账款"账户的结构

(4) 明细分类账户的设置:本账户应按购货单位设置明细分类账户,进行明细核算。

3. "应收票据"账户

(1) 账户的性质:资产。

(2) 账户的用途:用来核算企业因销售商品、提供劳务等收到的商业汇票及其结算情况,包括银行承兑汇票和商业承兑汇票。

(3) 账户的结构:借方登记应向购买单位收取的商业汇票款;贷方登记已收回的商业汇票款;期末余额在借方,表示期末尚未收回的应收票据款。如图4.19所示。

借方 应收票据	贷方
本期增加的票据应收款	本期收回的票据应收款
余额:期末尚未收回的票据应收款	

图4.19 "应收票据"账户的结构

(4) 明细分类账户的设置:企业不必设置明细分类账,但应设置"应收票据备查簿",详细地记录每一应收票据的详细资料。票据到期结清时,应在备查簿内逐笔注销。

4. "预收账款"账户

(1) 账户的性质:负债。

(2) 账户的用途:用来核算企业按照购货合同的规定向购买单位预收的款项。

(3) 账户的结构:贷方登记企业预收的账款;借方登记企业提供产品或劳务时抵偿的数额;期末在贷方余额,表示尚未用产品或劳务偿付的预收账款。如图4.20所示。

借方 预收账款	贷方
用产品或劳务偿付的预收款项	发生的预收款项
	余额:企业向购买单位预收的款项

图 4.20 “预收账款”账户的结构

(4) 明细分类账户的设置:本账户应按购货单位设置明细分类账户,进行明细核算。

5. “主营业务成本”账户

(1) 账户的性质:损益类。

(2) 账户的用途:用来核算企业已销售商品、提供劳务等主营业务活动发生的实际成本及其结转情况。

(3) 账户的结构:借方登记已销售产品或已提供劳务的实际成本;贷方登记期末转入“本年利润”账户的数额,结转后本账户应无余额。如图 4.21 所示。

借方 主营业务成本	贷方
本期已销售成品的生产成本	期末转入“本年利润”账户的本期已销售产品的生产成本

图 4.21 “主营业务成本”账户的结构

(4) 明细分类账户的设置:本账户应按产品(或劳务)种类设置明细分类账户,进行明细核算。

(二) 账务处理

【例 4-17】 2013 年 12 月 24 日,M 公司销售 A 产品一批,价款为 100 000 元,增值税 17 000 元,款项已收并存入银行。

按照规定,增值税一般纳税人在销售商品、收取货款的同时,应向购货人收取增值税。该经济业务的发生,使企业的银行存款、主营业务收入和应交税费增加。银行存款是资产类账户,其增加应记入“银行存款”账户的借方;主营业务收入是损益类账户,其增加应记入“主营业务收入”账户的贷方;应交税费是负债类账户,其增加应记入“应交税费”账户贷方。会计分录如下:

借:银行存款	117 000	
贷:主营业务收入		100 000
应交税费——应交增值税(销项税额)		17 000

【例 4-18】 2013 年 12 月 25 日,M 公司销售 B 产品一批,价款为 40 000 元,增

值税 6 800 元，销售发票已经开出，但款项尚未收到。

该经济业务的发生，使企业的应收账款、主营业务收入和应交税费增加。应收账款是资产类账户，其增加应记入"应收账款"账户的借方；主营业务收入是损益类账户，其增加应记入"主营业务收入"账户的贷方；应交税费是负债类账户，其增加应记入"应交税费"账户贷方。会计分录如下：

借：应收账款 46 800

　贷：主营业务收入 40 000

　　应交税费——应交增值税（销项税额） 6 800

【例 4-19】 2013 年 12 月 26 日，M 公司销售 C 产品一批，价款为 20 000 元，增值税 3 400 元，收到购货方签发的商业承兑汇票一张，票据金额为 23 400 元，汇票 6 个月后到期。

该经济业务的发生，使企业的应收票据、主营业务收入和应交税费增加。应收票据是资产类账户，其增加应记入"应收票据"账户的借方；主营业务收入是损益类账户，其增加应记入"主营业务收入"账户的贷方；应交税费是负债类账户，其增加应记入"应交税费"账户贷方。会计分录如下：

借：应收票据 23 400

　贷：主营业务收入 20 000

　　应交税费——应交增值税（销项税额） 3 400

【例 4-20】 2013 年 12 月 26 日，M 公司收到 W 公司预付购买 A 产品的货款 40 000 元，已存入银行。

该经济业务的发生，使企业的银行存款、预收账款增加。银行存款是资产类账户，其增加额应记入"银行存款"账户的借方；预收账款是负债类账户，其增加额应记入"预收账款"账户的贷方。会计分录如下：

借：银行存款 40 000

　贷：预收账款 40 000

【例 4-21】 2013 年 12 月 27 日，M 公司按合同约定给已预付货款的 W 公司发 A 产品一批，价款为 30 000 元，增值税 5 100 元，以银行存款代垫运杂费 500 元，同时用银行存款退还 W 公司多付的款项 4 400 元。

该经济业务的发生，使企业的主营业务收入及应交税费增加，银行存款及预收账款减少。银行存款是资产类账户，其减少应记入"银行存款"账户的贷方；主营业务收入是损益类账户，其增加应记入"主营业务收入"账户的贷方；预收账款是负债类账户，其减少应记入"预收账款"账户借方；应交税费是负债类账户，其增加应记入"应交税费"账户贷方。会计分录如下：

借：预收账款 40 000

贷:主营业务收入 30 000

应交税费——应交增值税(销项税额) 5 100

银行存款 4 900

【例 4-22】 M公司期末结转已销A产品的实际生产成本80 000元。

该经济业务的发生,使企业的主营业务成本增加、库存商品减少。主营业务成本是损益类账户,其增加额应记入"主营业务成本"账户的借方;库存商品是资产类账户,其减少额应记入"库存商品"账户的贷方。会计分录如下:

借:主营业务成本 80 000

贷:库存商品 80 000

二、其他业务收支的核算

企业在其他业务收支的核算中,应设置"其他业务收入"和"其他业务成本"等账户。

(一)设置的主要账户

1. "其他业务收入"账户

(1) 账户的性质:损益类。

(2) 账户的用途:用来核算企业因销售材料、代购代销、出租包装物等所取得的收入。

(3) 账户的结构:贷方登记已确认的其他业务收入,借方登记期末转入"本年利润"账户的数额,结转后本账户应无余额。如图4.22所示。

借方 其他业务收入	贷方
期末转入"本年利润"账户的其他业务收入	发生的各种其他业务收入

图 4.22 "其他业务收入"账户的结构

(4) 明细分类账户的设置:本账户应按其他业务的种类设置明细分类账户,进行明细核算。

2. "其他业务成本"账户

(1) 账户的性质:费用。

(2) 账户的用途:用来核算企业因销售材料、代购代销、出租包装物等发生的相关成本及其结转情况。

(3) 账户的结构:借方登记因销售材料、代购代销、出租包装物等发生的相关成本;贷方登记期末转入"本年利润"账户的数额,结转后本账户应无余额。如图4.23所示。

借方	其他业务成本 贷方
本期发生的其他业务成本	期末转入"本年利润"账户的其他业务成本

图4.23 "其他业务成本"账户的结构

(4) 明细分类账户的设置:本账户应按其他业务的种类设置明细分类账户,进行明细核算。

(二) 其他业务收支的核算

【例4-23】 2013年12月28日,M公司销售丁材料一批,价款为10 000元,增值税1 700元,已存入银行。

该经济业务的发生,使企业的其他业务收入、应交税费和银行存款增加。银行存款是资产类账户,其增加应记入"银行存款"账户的借方;其他业务收入是损益类账户,其增加应记入"其他业务收入"账户的贷方;应交税费是负债类账户,其增加应记入"应交税费"账户贷方。会计分录如下:

借:银行存款	11 700	
贷:其他业务收入		10 000
应交税费——应交增值税(销项税额)		1 700

【例4-24】 M公司期末结转已销丁材料的实际生产成本8 000元。

该经济业务的发生,使企业的其他业务成本增加,原材料减少。其他业务成本是损益类账户,其增加应记入"其他业务成本"账户的借方;原材料是资产类账户,其减少应记入"原材料"账户贷方。会计分录如下:

借:其他业务成本	8 000	
贷:原材料		8 000

第六节 财务成果及分配业务核算

一、财务成果业务概述

财务成果是指企业一定期间内所取得的利润,利润是综合反映企业经济效益的重要指标。企业的利润有营业利润、利润总额和净利润。

企业实现的净利润应按规定的程序进行分配。一般分配的程序是：

(1) 弥补以前年度亏损。

(2) 按净利润的一定比例计提法定盈余公积和任意盈余公积。

(3) 对投资者分配利润或股利。

综上所述，反映企业利润的形成和对利润进行分配，是企业财务成果业务核算的主要内容。

利润是企业一定会计期间的经营成果。利润包括收入减去费用后的净额、直接计入当期损益的利得和损失等。

直接计入当期损益的利得和损失是指应当计入当期损益、会导致所有者权益发生增减变动的、与所有者投入资本或者同所有者分配利润无关的利得或损失。如企业罚款收入和罚款支出、企业的捐赠收入和捐赠支出等。

二、利润的计算公式

营业利润＝营业收入－营业成本－营业税金及附加－销售费用－管理费用－财务费用＋公允价值变动收益(或减公允价值变动损失)＋投资净收益(或减投资净损失)

利润总额＝营业利润＋营业外收入－营业外支出

净利润＝利润总额－所得税费用

由于企业所得税会计核算相当复杂，在基础会计中，假定企业会计账面利润与应纳税所得额完全一致，据此计算出来的应交所得税等于所得税费用，有关计算公式如下：

企业应交所得税税额＝应纳税所得额×企业所得税税率

三、利润及利润分配的会计核算

利润以及利润分配过程是制造业将产品销售出去后，以其当期的收入弥补当期的费用(包括企业所得税)后的差额，确定为当期净利润(或亏损)。若企业获得利润，则企业将按照国家有关财经法规的规定进行税后净利润的分配，如提取法定公积金、向投资者分红等过程。

在利润以及利润分配过程中，会计核算内容主要有：① 营业利润、利润总额、净利润的计算；② 其他业务收入和其他业务成本的核算；③ 营业外收支的核算；④ 期间费用的核算；⑤ 期末收支结转的核算；⑥ 企业所得税的核算；⑦ 利润分配的核算等。

（一）设置账户

为了开展利润形成过程的核算，一般应在前面已设账户的基础上增设“销售费用”、“管理费用”、“财务费用”、“营业外收入”、“营业外支出”、“本年利润”和“所得税费用”等账户。

1. “销售费用”账户

(1) 账户的性质：损益类。

(2) 账户的用途：用来核算企业在销售商品过程中发生的各项费用及其结转情况，如展览费、广告费和专设的销售机构经费等。

(3) 账户的结构：借方登记实际发生的各项销售费用；贷方登记期末转入“本年利润”账户的数额，结转后本账户应无余额。如图 4.24 所示。

借方　　销售费用	贷方
本期发生的各项销售费用	期末转入“本年利润”账户的销售费用

图 4.24 “销售费用”账户的结构

(4) 明细分类账户的设置：本账户应按费用的项目设置明细分类账户，进行明细核算。

2. “管理费用”账户

(1) 账户的性质：损益类。

(2) 账户的用途：用来核算企业行政管理部门为组织和管理企业的生产经营活动而发生的各项费用及其结转情况，包括企业行政管理部门人员工资及福利费、差旅费、办公费、业务招待费等。

(3) 账户的结构：借方登记实际发生的各项管理费用；贷方登记期末转入“本年利润”账户的数额，结转后本账户应无余额。如图 4.25 所示。

借方　　管理费用	贷方
本期发生的各项管理费用	期末转入“本年利润”账户的管理费用

图 4.25 “管理费用”账户的结构

(4) 明细分类账户的设置：本账户应按费用的项目设置明细分类账户，进行明细核算。

3. “财务费用”账户

(1) 账户的性质:损益类。

(2) 账户的用途:用来核算企业为筹集生产经营所需资金及使用资金等所产生的各项费用及其结转情况,包括利息支出、汇兑损失及相关手续费等。

(3) 账户的结构:借方登记实际发生的各项财务费用;贷方登记期末转入“本年利润”账户的数额,结转后本账户应无余额。如图 4.26 所示。

借方	财务费用 贷方
本期发生的各项财务费用	期末转入“本年利润”账户的财务费用

图 4.26 “财务费用”账户的结构

(4) 明细分类账户的设置:本账户应按费用的项目设置明细分类账户,进行明细核算。

4. “营业外收入”账户

(1) 账户的性质:损益类。

(2) 账户的用途:用来核算企业的非日常活动而产生的经济利益的流入,如处置固定资产净收益、出售无形资产收益等。

(3) 账户的结构:贷方登记取得的营业外收入;借方登记期末转入“本年利润”账户的数额,结转后本账户应无余额。如图 4.27 所示。

借方	营业外收入 贷方
期末转入“本年利润”账户的其他业务收入	发生的各种营业外收入

图 4.27 “营业外收入”账户的结构

(4) 明细分类账户的设置:本账户应按收入项目设置明细分类账户,进行明细核算。

5. “营业外支出”账户

(1) 账户的性质:损益类。

(2) 账户的用途:用来核算企业的非日常活动而产生的经济利益的流出,如处置固定资产净损失、出售无形资产损失、罚款支出等。

(3) 账户的结构:借方登记发生的各项营业外支出;贷方登记期末转入“本年利润”账户的数额,结转后本账户应无余额。如图 4.28 所示。

借方	营业外支出 贷方
本期发生的各项营业外支出	期末转入“本年利润”账户的其他业务成本

图 4.28 “营业外支出”账户的结构

(4) 明细分类账户的设置:本账户应按支出项目设置明细分类账户,进行明细核算。

6. “本年利润”账户

(1) 账户的性质:所有者权益。

(2) 账户的用途:核算企业实现的净利润或发生的净亏损。

(3) 账户的结构:贷方登记期末转入的资金流入的数额;借方登记期末转入的各支出的数额。若为贷方余额,表示本期实现的净利润;若为借方余额,表示本期发生的净亏损。在年度中间,本账户各期余额不予转账,表示截至期末本年度累计实现的净损益。年末,应将本账户余额转入“利润分配”账户,结转贷方余额(净利润)时,借记“本年利润”账户,贷记“利润分配”账户;结转借方余额(净亏损)时,做相反的会计分录。结转后本账户应无余额。如图 4.29 所示。

借方	本年利润 贷方
从有关费用账户转入的 (1) 主营业务成本 (2) 其他业务成本 (3) 营业税金及附加 (4) 管理费用 (5) 财务费用 (6) 销售费用 (7) 投资净损失 (8) 营业外支出 (9) 所得税费用	从有关收入账户转入的 (1) 主营业务收入 (2) 其他业务收入 (3) 投资净收益 (4) 营业外收入
余额:发生的净亏损	余额:实现的净利润

图 4.29 “本年利润”账户的结构

(4) 明细分类账户的设置:本账户一般不设置明细分类账户。

7. “所得税费用”账户

(1) 账户的性质:损益类。

(2) 账户的用途:用来核算企业按税法规定从当期利润总额中扣除的所得税费用。

(3) 账户的结构:借方登记企业按规定计算的本期应纳所得税额;贷方登记期末转入“本年利润”账户的数额,结转后本账户应无余额。

企业所得税通常是按年计算,分期预交。按年计算的基本公式为:

应纳所得税额=应纳税所得额×所得税税率

上式中,应纳税所得额是企业每一纳税年度的收入总额减去准予扣除项目金额后的余额。基础会计阶段我们假定利润总额等于应纳税所得额。如图 4.30 所示。

借方　　　所得税费用	贷方
应记入本期损益的所得税额	期末转入“本年利润”账户的所得税额

图 4.30 “所得税费用”账户的结构

(4) 明细分类账户的设置:本账户一般不设置明细分类账户。

8. “盈余公积”账户

(1) 账户的性质:所有者权益。

(2) 账户的用途:核算和监督企业盈余公积的提取和使用情况。

(3) 账户的结构:贷方登记从净利润中提取的盈余公积;借方登记盈余公积的使用数额;期末余额在贷方,表示企业未动用的盈余公积。如图 4.31 所示。

借方　　　盈余公积	贷方
盈余公积的使用数	从净利润中提取的盈余公积
	余额:盈余公积结余额

图 4.31 “盈余公积”账户的结构

(4) 明细分类账户的设置:本账户应按盈余公积的种类设置明细分类账户,进行明细核算。

9. “应付股利”账户

(1) 账户的性质:负债类。

(2) 账户的用途:核算和监督应付投资者的现金股利或利润的发生及结算情况。

(3) 账户的结构:贷方登记企业应付投资者的现金股利或利润;借方登记实际支付的现金股利或利润;期末余额在贷方,表示尚未支付的现金股利或利润如图

4.32 所示。

借方	应付股利 贷方
实际支付的现金股利或利润	应付投资者的现金股利或利润
	余额:应付而未付的现金股利或利润

图 4.32 “应付股利”账户的结构

(4) 明细分类账户的设置:本账户应按投资人设置明细分类账户,进行明细核算。

10. “利润分配”账户

(1) 账户的性质:所有者权益。

(2) 账户的用途:核算和监督企业利润的分配(或亏损的弥补)和历年分配(或弥补)后的积存余额。

(3) 账户的结构:贷方登记年终结转的本年实现的净利润;借方登记利润分配的数额。年终,该账户的余额如在贷方,表示历年积存的未分配利润;若在借方,表示历年积存的未弥补亏损。如图 4.33 所示。

借方	利润分配 贷方
实际分配的利润数 (1) 提取盈余公积 (2) 分配给投资者的利润	年终从“本年利润”账户转入的全年实现的净利润
余额:年末结账后为未弥补亏损	余额:年末未分配利润

图 4.33 “利润分配”账户的结构

(4) 明细分类账户的设置:本账户应按利润分配项目设置“提取法定盈余公积”、“提取任意盈余公积”、“应付现金股利”、“未分配利润”明细分类账户,进行明细核算。

(二) 账务处理

【例 4-25】 2013 年 12 月 22 日,M 公司以银行存款支付广告费 5 000 元。

该经济业务的发生,使销售费用增加,银行存款减少。销售费用是损益类账户,其增加额应记入“销售费用”账户的借方;银行存款是资产类账户,其减少应记入“银行存款”账户的贷方。会计分录如下:

借:销售费用 5 000

　贷:银行存款 5 000

【例4-26】 M公司期末计提本期应付企业行政管理人员工资8 000元。

该经济业务的发生，使管理费用、应付职工薪酬增加。管理费用是损益类账户，其增加额应记入“管理费用”账户的借方；应付职工薪酬是负债类账户，其增加应记入“应付职工薪酬”账户的贷方。会计分录如下：

借：管理费用　　8 000

　贷：应付职工薪酬——工资　　8 000

【例4-27】 2013年12月23日，M公司企业管理人员李某预借差旅费3 000元，出纳签发现金支票一张。

该经济业务的发生，使其他应收款增加、银行存款减少。其他应收款是资产类账户，其增加额应记入“其他应收款”账户的借方；银行存款是资产类账户，其减少应记入“银行存款”账户的贷方。会计分录如下：

借：其他应收款——李某　　3 000

　贷：银行存款　　3 000

【例4-28】 2013年12月25日，M公司企业管理人员李某出差归来，凭据报销差旅费1 700元，余款以现金退回。

该经济业务的发生，使管理费用增加、其他应收款减少。其他应收款是资产类账户，其减少额应记入“其他应收款”账户的贷方；管理费用是损益类账户，其增加应记入“管理费用”账户的借方。会计分录如下：

借：管理费用　　1 700

　贷：其他应收款——李某　　1 700

然后，收回现金，引起其他应收款减少，库存现金增加。其他应收款减少即资产减少，应记入“其他应收款”账户的贷方；库存现金增加即资产增加，应记入“库存现金”账户的借方。会计分录如下：

借：库存现金　　1 300

　贷：其他应收款——李某　　1 300

【例4-29】 2013年12月28日，M公司取得一笔2 000元的罚款收入，已存入银行。

该经济业务的发生，使银行存款、营业外收入增加。银行存款是资产类账户，其增加额应记入“银行存款”账户的借方；营业外收入是损益类账户，其增加应记入“营业外收入”账户的贷方。会计分录如下：

借：银行存款　　2 000

　贷：营业外收入　　2 000

【例4-30】 2013年12月29日，M公司违反合同因而以银行存款支付罚款20 800元。

该经济业务的发生,使银行存款减少、营业外支出增加。银行存款是资产类账户,其减少额应记入“银行存款”账户的贷方;营业外支出是损益类账户,其增加应记入“营业外支出”账户的借方。会计分录如下:

借:营业外支出　　20 800

　贷:银行存款　　20 800

【例 4-31】 2013 年 12 月 31 日,M 公司以银行存款支付短期借款利息 1 500元。

该经济业务的发生,使银行存款减少、财务费用增加。银行存款是资产类账户,其减少额应记入“银行存款”账户的贷方;财务费用是损益类账户,其增加应记入“财务费用”账户的借方。会计分录如下:

借:财务费用　　1 500

　贷:银行存款　　1 500

【例 4-32】 M 公司将本期各收入账户的期末贷方余额合计 202 000 元转入“本年利润”账户。其中,主营业务收入 190 000 元、其他业务收入 10 000 元、营业外收入 2 000 元。

该项转账业务的操作,涉及“主营业务收入”、“其他业务收入”、“营业外收入”、“本年利润”四个账户。结转时应将结转前各收入账户的贷方余额,从各个收入账户的借方转入“本年利润”账户的贷方。会计分录如下:

借:主营业务收入　　190 000

　其他业务收入　　10 000

　营业外收入　　2 000

　贷:本年利润　　202 000

【例 4-33】 将本期各费用账户的期末贷方余额合计 127 260 元转入“本年利润”账户。其中,主营业务成本 80 000 元,其他业务成本 8 000 元、销售费用 5 000 元、管理费用 9 700 元、财务费用 1 500 元、营业外支出 20 800 元。

该项转账业务的操作,涉及“主营业务成本”、“其他业务成本”、“销售费用”、“管理费用”、“财务费用”、“营业外支出”、“本年利润”七个账户。结转时应将结转前各费用账户的借方余额,从各个费用账户的贷方转入“本年利润”账户的借方。会计分录如下:

借:本年利润　　125 000

　贷:主营业务成本　　80 000

　　其他业务成本　　8 000

　　销售费用　　5 000

　　管理费用　　9 700

财务费用 1 500

营业外支出 20 800

通过结转，将本期发生的全部收入与全部费用(未含所得税费用)都汇集于“本年利润”账户，即计算出本期实现的利润总额为 77 000(202 000－125 000)元。

【例 4-34】 M公司本纳税年度累计利润总额为 434 740 元，亦为企业本年度累计应纳税所得额，其中包括本年度 1～11 月份累计的利润总额 357 740 元和 12 月份实现的利润总额 77 000 元。企业所得税的适用税率假设是 25%，1～11 月份累计已缴纳所得税 89 435 元，计提本期应交所得税 19 250(434 740×25%－89 435)元。

该项经济业务的发生，使企业的所得税费用和应交税费同时增加。所得税费用是费用类账户，其增加额应记入“所得税费用”账户的借方；应交税费是负债类账户，其增加额应记入“应交税费”账户的贷方。会计分录如下：

借：所得税费用 19 250

　　贷：应交税费——应交所得税 19 250

【例 4-35】 将本期发生的所得税费用 19 250 元转入“本年利润”账户。

该项经济业务的发生，结转时应将结转前所得税费用账户的借方余额，从所得税费用账户的贷方转入“本年利润”账户的借方。会计分录如下：

借：本年利润 19 250

　　贷：所得税费用 19 250

【例 4-36】 接前两例，计算企业全年净利润 326 055 元，并将全年实现的净利润转入“利润分配”账户。

该项转账业务，引起企业所有者权益项目的一增一减。会计分录如下：

借：本年利润 326 055

　　贷：利润分配——未分配利润 326 055

【例 4-37】 按净利润的 10%，提取法定盈余公积 32 605.5(326 055×10%)元。

该项经济业务的发生，引起利润分配和盈余公积两者同时增加。其中，利润分配增加，即所有者权益中的利润减少，应记入“利润分配——提取盈余公积”账户的借方；盈余公积增加，即所有者权益中的利润增加，应记入“盈余公积”账户的贷方。会计分录如下：

借：利润分配——提取盈余公积 32 605.5

　　贷：盈余公积 32 605.5

【例 4-38】 企业确定应分配给投资者利润 180 000 元。

该项经济业务的发生，引起企业所有者权益的减少和负债的增加。利润分配的增加，即所有者权益中的利润减少，应记入“利润分配——应付现金股利”账户的借方；应付股利的增加，即负债的增加，应记入“应付股利”账户的贷方。会计分录如下：

借：利润分配——应付现金股利　　180 000

　　贷：应付股利　　180 000

【例 4-39】 年末，将“利润分配”账户下其他明细账户的期末余额转入“未分配利润”明细账。

调整会计分录如下：

借：利润分配——未分配利润　　212 605.5

　　贷：利润分配——提取盈余公积　　32 605.5

　　　　　　　　——应付现金股利　　180 000

年末，企业“本年利润”账户应无余额。“利润分配——未分配利润”明细账户的贷方余额，表示企业历年积存的未分配利润。假定企业年初没有未分配利润，则“利润分配——未分配利润”明细账户的年末贷方余额为 113 449.5(326 055－212 605.5)元。

本章小结

本章通过工业企业主要经济业务的核算，较为详细地阐述了复式记账的具体运用。工业企业的生产经营过程由供应过程、生产过程、销售过程组成，工业企业的主要经济业务大部分都发生在这三个过程中。

思 考 题

1. 工业企业的主要经济业务内容是什么？
2. 净利润的含义是什么？
3. 利润分配的程序包括哪些？
4. 什么是制造费用？它包括哪些内容？
5. “本年利润”账户性质是什么？如何应用本账户？

第五章　会 计 凭 证

学习目标

了解会计凭证的定义、传递及保管，熟悉会计凭证的种类，掌握会计凭证的基本内容及填制方法。

第一节　会计凭证概述

一、会计凭证的定义

会计凭证简称凭证，是记录经济业务、明确经济责任的书面证明，也是登记账簿的依据。

会计管理工作要求会计核算提供真实的会计资料，强调记录的经济业务必须有根有据。因此，任何会计主体，每发生一笔经济业务，都必须由执行或完成该项经济业务的有关人员取得或填制会计凭证，并在凭证上签名或盖章，以对经济业务的合法性、真实性和正确性负完全责任。所有会计凭证都要由会计部门审核无误后才能作为记账的依据。例如，购买商品、材料由供货方开出发票；支出款项由收款方开出收据；接收商品、材料入库要有收货单；发出商品要有发货单；发出材料要有领料单等。这些发票、收据、收货单、发货单、领料单都是会计凭证。

二、会计凭证的作用

填制和审核会计凭证是会计核算方法之一，也是会计核算工作的起点和基础。填制和审核会计凭证在经济管理中具有重要作用。

(一) 记录经济业务,提供记账依据

通过填制或取得会计凭证,反映经济业务的性质、内容、数量、金额等,确保有关会计信息真实、可靠、及时。会计凭证为登记账簿提供依据,也是保证会计信息质量的关键所在。

(二) 明确经济责任,强化内部控制

任何会计凭证在记录经济业务的基础上,还必须由执行和完成该项经济业务的有关部门或人员的签名或盖章,以明确有关部门或人员对经济活动的真实性、正确性、合法性负责,可以进一步强化单位的内部控制。

(三) 监督经济活动,控制经济运行

会计的基本职能是核算和监督。通过对会计凭证的审核,可以监督会计主体发生的各项经济业务是否符合国家有关规章制度的规定,是否符合单位的计划、预算,发挥会计的监督作用,保证经济业务事项的合理、合法,保护会计主体及其利益相关者的合法权益。

三、会计凭证的种类

会计凭证的种类很多,可以按照不同的标准进行分类。会计凭证按照填制的程序和用途不同,分为原始凭证和记账凭证。

(一) 原始凭证

1. 原始凭证的定义

原始凭证又称单据,是指在经济业务发生或完成时取得或填制的,用以记录或证明经济业务发生或完成情况,明确经济责任的原始凭据。原始凭证是会计核算的原始资料和重要依据。

2. 原始凭证的种类

纷繁复杂的经济业务导致原始凭证的品种繁多,原始凭证可以按照不同的分类标准进行分类。

(1) 原始凭证按其来源不同,可以分为外来原始凭证和自制原始凭证两种。

外来原始凭证也称外部凭证,是指单位在发生经济业务过程中,由外单位经办业务部门或人员在办理经济业务时填制的,被本单位使用的原始凭证。常用的外来凭证有:供货单位填制的发票(购货取得的增值税专用发票)、运输单位填制的运费杂费发票、铁路运输部门的火车票、由银行转来的结算凭证和对外支付款项时取得的收据等。如图 5.1、图 5.2 所示。

1500451858　　××增值税专用发票

（全国统一发票监制章 ×× 国家税务总局监制）

№:69346

开票日期:2012 年 12 月 09 日

购货单位	名　　称:天天实业股份有限公司 纳税人识别号:11034514835182×× 地 址 、电 话:××省××市长江路×××号　3690××× 开户行及账号:工商银行长江路支行　3176531564315	密码区	＋＊3513/〉－1831〈4〉69〈92 加密版本:01 ＋－8/69416＊－1〈〈16＊56－＊ 135766431 7321〉〈/＊5981〈653/3〉15 －＋6＊531〈452－－＋231〉〉58 05563164

货物或应税劳务名称	规格型号	单位	数量	单价	金额	税率	税额
丙材料		千克	1000	10	10 000.00	17%	1 700.00
合　计					￥10 000.00		￥1 700.00
价税合计(大写)	人民币壹万壹仟柒佰元整				(小写)￥11 700.00		

销货单位	名　　称:天翔材料股份公司 纳税人识别号:346531653289 地 址 、电 话:××省××市汤口路×××号　6908××× 开户行及账号:建设银行汤口路支行　346531653289	备注	（天翔材料股份有限公司 346531653289 发票专用章）

第三联:发票联

收款人:王建宏　　复核:　　开票人:马小兰　　销货单位:(章)

图 5.1　增值税专用发票

收　款　收　据　　NO. 123456

今收到　天天实业股份有限公司

收款事由　预付款

人名币(大写)　壹万元整　　￥10 000.00　（现金收讫）

收款单位:天翔公司　收款人:王建宏　出纳:马小兰　会计主管:陈策

(盖章)　(签章)　(签章)　(签章)

图 5.2　收款收据

自制原始凭证,是指本单位内部经办业务的部门或人员,在办理或完成某项经济业务时自行填制的、仅供本单位内部使用的原始凭证。如收料单、领料单、限额领料单、产品入库单、借款单、折旧计算表、工资结算表等。如图 5.3、图 5.4 所示。

收　料　单

供货单位：　　　　　　　　年　　月　　日

发料仓库：　　　　　　　　　　　　　　　　凭证编号：

材料类别	材料编号	材料名称及规格	计量单位	数　量		金　额(元)			
				应收	实收	单价	买价	运杂费	合计
备注						合计			

主管：　　　会计：　　　审核：　　　记账：　　　收料：

图 5.3　收料单

领　料　单

年　　月　　日

领料部门：　　　　　　　　　　领料编号：

领料用途：　　　　　　　　　　发料仓库：

材料编号	材料名称及规格	计量单位	数量		单价	金额
			请领	实领		
备注					合计	

发料人：　　　审批人：　　　领料人：　　　记账：

图 5.4　领料单

(2) 原始凭证按填制手续及内容不同，可以分为一次凭证、累计凭证和汇总凭证三种。

一次凭证也称一次有效凭证，是指一次填制完成、只记录一笔经济业务的原始凭证。所有的外来原始凭证和大多数自制原始凭证都属于一次凭证。如购货发票、销货发票、收款收据、领料单、收料单、借款单、银行结算凭证等。一次凭证能够清晰地反映经济业务活动情况,使用方便灵活,但数量较多。

累计凭证也称多次有效凭证,是指在一定时期内连续记录若干笔同类经济业务的原始凭证。其特点是:在一张凭证内可以连续登记相同性质的经济业务,随时计算出累计数及结余数,并按照费用限额进行费用控制,期末按实际发生额记账。一般为自制原始凭证,最具代表性的累计凭证是限额领料单。限额领料单的格式如图 5.5 所示。

限额领料单

年 月 日

领料部门: 领料编号:

领料用途: 发料仓库:

材料类别	材料编号	材料名称及规格	计量单位	领用限额	实际领用	单价	金额	备注
供应部门负责人: 生产计划部门负责人:								
日期	领用				退料			限额结余
	请领数量	实发数量	发料人签章	领料人签章	退料数量	退料人签章	收料人签章	

图 5.5 限额领料单

汇总凭证也称原始凭证汇总表,是根据许多同类经济业务的原始凭证定期加以汇总而重新编制的原始凭证。它合并了同类经济业务,简化了记账凭证的编制手续,减少了记账工作量。如发出材料汇总表、现金收入汇总表、工资结算汇总表、差旅费报销单等。发出材料汇总表的格式如图 5.6 所示。

发出材料汇总表

年 月 日

会计科目	领料部门	领用材料			合计
		原材料	包装物	低值易耗品	
生产成本	一车间 二车间				
	小计				
	供电车间 供水车间				
	小计				
制造费用	一车间 二车间				
	小计				
管理费用	行政部门				

图 5.6 发出材料汇总表

(3) 原始凭证按其格式不同,可以分为通用凭证和专用凭证两种。

通用凭证是指全国或某一地区、某一部门统一格式的原始凭证。如由银行统一印制的结算凭证、税务部门统一印制的增值税发票等。

专用凭证是指单位自行印制、仅在本单位内部使用的原始凭证。如借款单、工资单、差旅费报销单等。

以上是按不同的标准对原始凭证进行的分类。它们之间是相互依存、密切联系的。有些原始凭证按照不同的分类标准分别属于不同的种类。如现金收据对出具收据的单位来说是自制原始凭证;而对接收收据的单位来说则是外来原始凭证;同时它既是一次凭证,又是专用凭证。外来的凭证大多为一次凭证,累计凭证大多为自制原始凭证。

根据上述原始凭证的分类,归纳如图 5.7 所示。

(二) 记账凭证

1. 记账凭证的定义

记账凭证又称记账凭单,是会计人员根据审核无误的原始凭证或原始凭证汇总表填制的，反映经济业务内容、应借、应贷会计科目及金额，并直接作为登记账簿依据的会计凭证。

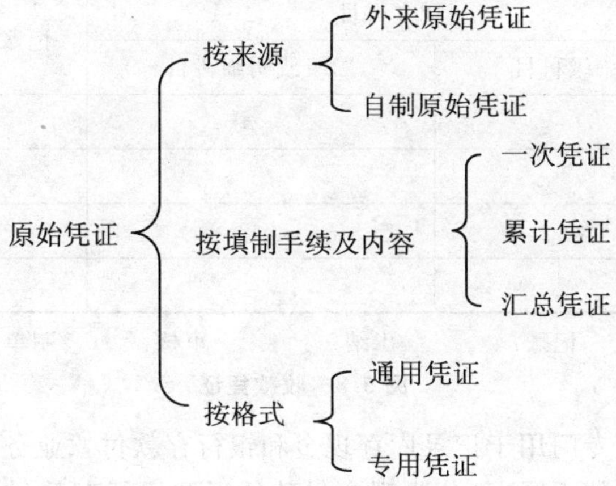

图 5.7　原始凭证分类图

记账凭证是根据借贷记账法的基本原理，按照经济业务事项的内容，确定应借应贷的会计科目和金额，即编制会计分录（实际工作中，会计分录是通过填制记账凭证来完成的），将原始凭证中的一般数据转换为会计语言。记账凭证是介于原始凭证与会计账簿之间的环节，是登记明细分类账户和总分类账户的直接依据。

2. 记账凭证的种类

（1）记账凭证按其适用的经济业务范围不同，分为专用记账凭证和通用记账凭证。

专用记账凭证是用来专门记录某一类经济业务的记账凭证。专用凭证按其记录的经济内容是否与库存现金和银行存款等货币资金的收付有关，又分为收款凭证、付款凭证和转账凭证。

收款凭证是指专门用于记录库存现金和银行存款收款业务的会计凭证。收款凭证根据借方科目的不同，又分为现金收款凭证和银行存款收款凭证。根据库存现金收款业务的原始凭证编制的收款凭证，即为现金收款凭证；根据银行存款收款业务的原始凭证编制的收款凭证，即为银行存款收款凭证。收款凭证格式如图5.8所示。

收 款 凭 证

借方科目：　　　　　　　　　年　月　日　　　　　收字第　　号

摘要	贷方科目		记账	金额	
	一级科目	二级或明细科目			附件
					张
合计					

会计主管：　　　记账：　　　出纳：　　　审核：　　　制单：

图 5.8　收款凭证

付款凭证是指专门用于记录库存现金和银行存款付款业务的会计凭证。付款凭证根据贷方科目的不同,又分为现金付款凭证和银行存款付款凭证。根据库存现金付款业务的原始凭证编制的付款凭证,即为现金付款凭证;根据银行存款付款业务的原始凭证编制的付款凭证,即为银行存款付款凭证。付款凭证格式如图 5.9 所示。

付 款 凭 证

贷方科目：　　　　　　　　　年　月　日　　　　　付字第　　号

摘要	借方科目		记账	金额	
	一级科目	二级或明细科目			附件
					张
合计					

会计主管：　　　记账：　　　出纳：　　　审核：　　　制单：

图 5.9　付款凭证

转账凭证是指专门用于记录不涉及库存现金和银行存款业务的会计凭证。转账凭证格式如图 5.10 示。

转 账 凭 证

年 月 日　　　　转字第　　号

摘　要	会计科目		记账	借方金额	贷方金额	附件　张
	一级科目	二级或明细科目				
合　计						

会计主管：　　　记账：　　　审核：　　　制单：

图 5.10　转账凭证

收款凭证、付款凭证和转账凭证分别用以记录库存现金、银行存款收款业务、付款业务和转账业务（与库存现金、银行存款收支无关的业务）。在会计实务中，对于库存现金和银行存款之间的收付款业务，为了避免记账重复，一般只编制付款凭证，不编制收款凭证。

通用记账凭证是一种适用于任何经济业务的记账凭证。有些经济业务简单或收、付款业务不多的单位，可以使用一种通用格式的记账凭证。这种通用记账凭证既可用于收、付款业务，又可用于转账业务。通用记账凭证的格式如图 5.11 所示。

记 账 凭 证

年 月 日　　　　记字第　　号

摘　要	会计科目		记账	借方金额	贷方金额	附件　张
	一级科目	二级或明细科目				
合　计						

会计主管：　　　记账：　　　审核：　　　制单：

图 5.11　记账凭证

(2) 记账凭证按其填制方式不同，分为单式记账凭证和复式记账凭证两种。

单式记账凭证是在每张凭证上只填列经济业务事项所涉及的一个会计科目及其金额的记账凭证。填列借方科目的称为借项记账凭证，填列贷方科目的称为贷项记账凭证。一项经济业务涉及几个科目，就分别填制几张凭证，并采用一定的编号方法将它们联系起来。单式凭证的优点是内容单一,便于记账工作的分工,也便于按科目汇总,并可加速凭证的传递。其缺点是凭证张数多、内容分散,在一张凭证上不能完整地反映一笔经济业务的全貌,不便于检验会计分录的正确性,故需加强凭证的复核、装订和保管工作。

复式记账凭证是指将每一笔经济业务事项所涉及的全部会计科目及其发生额均在同一张凭证中反映的一种记账凭证。即一张记账凭证上登记一项经济业务所涉及的两个或者两个以上的会计科目,既有“借方”,又有“贷方”。复式记账凭证优点是可以集中反映账户的对应关系,有利于了解经济业务的全貌;同时还可以减少凭证的数量,减轻编制记账凭证的工作量,便于检验会计分录的正确性。其缺点是不便于汇总计算每一会计科目的发生额和进行分工记账。在实际工作中,普遍使用的是复式记账凭证。上述介绍的收款凭证、付款凭证、转账凭证都是复式记账凭证。

(3) 记账凭证按其是否经过汇总,分为汇总记账凭证和非汇总记账凭证两种。

汇总记账凭证是根据非汇总记账凭证按照一定方法定期汇总填制的记账凭证。汇总记账凭证按汇总方法不同,分为分类汇总记账凭证和全部汇总记账凭证。

分类汇总记账凭证是定期按库存现金、银行存款及转账业务进行分类汇总编制的。如汇总收款凭证、汇总付款凭证、汇总转账凭证。

全部汇总记账凭证是根据一定期间的记账凭证全部汇总填制的。如科目汇总表,编制汇总记账凭证的目的是为了简化登记总分类账的手续。

非汇总记账凭证是指没有经过汇总的记账凭证。如收款凭证、付款凭证、转账凭证、通用记账凭证。

记账凭证的分类,如图 5.12 所示。

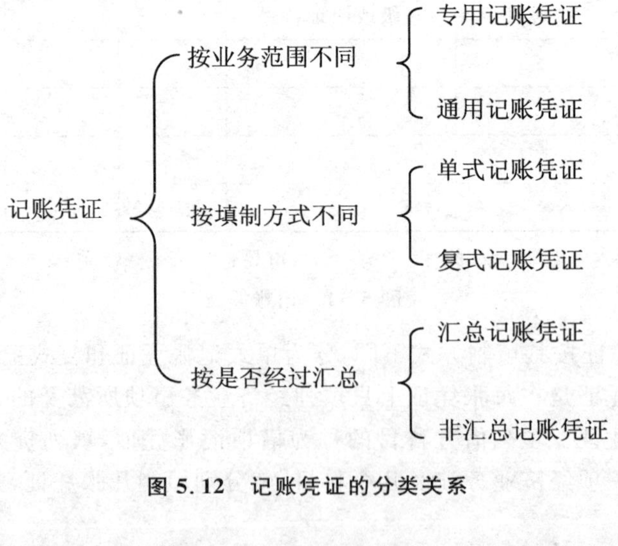

图 5.12 记账凭证的分类关系

第二节　原始凭证的填制与审核

一、原始凭证的基本内容

企业发生的经济业务多种多样，原始凭证的内容和格式也不完全一致。但无论哪一种原始凭证，都必须真实客观地反映经济业务的发生、完成情况，都必须明确相关部门或人员的经济责任。这些要求决定了任何原始凭证都应具备以下基本内容：

(1) 原始凭证的名称；
(2) 填制原始凭证的日期及编号；
(3) 接受原始凭证的单位名称(抬头人)；
(4) 经济业务内容(含数量、单价、金额等)；
(5) 填制原始凭证单位盖章；
(6) 经办业务的有关人员盖章；
(7) 凭证附件等。

在实际工作中，根据经营管理和某些特殊业务的需要，原始凭证除必须具备以上基本内容外，还可以列入一些补充内容。例如，在有些原始凭证上，还要注明与该笔经济业务有关的计划指标、预算项目和经济合同等。

二、原始凭证的填制要求

为了保证原始凭证的正确性、及时性，提高使用效率和会计核算的质量，填制原始凭证必须符合以下要求：

(一) 记录要真实

原始凭证上填制的日期、经济业务内容和数字必须是经济业务发生或完成的实际情况，不得弄虚作假。

(二) 内容要完整

原始凭证中应该填写的项目要逐项填写，不可缺漏；名称要写全，不要简化；品名和用途要填写明确，不能含糊不清；有关部门和人员的签名和盖章必须齐全。

（三）手续要完备

单位自制的原始凭证必须有经办业务的部门和人员签名盖章；对外开出的凭证必须加盖本单位的公章或财务专用章；从外部取得的原始凭证必须有填制单位公章或财务专用章。总之，取得的原始凭证必须符合手续完备的要求，以明确经济责任，确保凭证的合法性、真实性。

（四）填制要及时

所有业务的有关部门和人员，在经济业务实际发生或完成时，必须及时填写原始凭证，做到不拖延、不积压，不事后补填，并按规定的程序审核。

（五）编号要连续

原始凭证要顺序连续或分类编号，在填制时要按照编号的顺序使用，跳号的凭证要加盖“作废”戳记，连同存根一起保管，不得撕毁。

（六）书写要规范

原始凭证中的文字、数字的书写都要用蓝黑或规定的碳素墨水书写，大小写金额要一致。要清晰、工整、规范，做到字迹端正、易于辨认，不草、不乱、不造字。复写的凭证要不串行、不串格、不模糊，一式几联的原始凭证，应当注明各联的用途。数字和货币符号的书写要符合下列要求：

(1) 数字要一个一个地写，不得连笔写。特别是在要连写几个“0”时，也一定要单个的写，不能将几个“0”连在一起一笔写完。数字排列要整齐，数字之间的空格要均匀，不宜过大。此外，阿拉伯数字的书写还应有高度的标准，一般要求数字的高度占凭证横格的 1/2 为宜。书写时还要注意紧靠横格底线，使上方能有一定的空位，以便需要进行更正时可以再次书写。

(2) 阿拉伯数字前面应该书写货币币种或者货币名称简写和币种符号。币种符号与阿拉伯数字之间不得留有空白。凡阿拉伯金额数字前写有货币币种符号的，数字后面不再写货币单位。所有以元为单位（其他货币种类为货币基本单位）的阿拉伯数字，除表示单价等情况外，一律填写到角分；无角分的，角位和分位写“00”或者符号“——”；有角无分的，分位应当写“0”，不得用符号“—”代替。在发货票等须填写大写金额数字的原始凭证上，如果大写金额数字前未印有货币名称，应当加填货币名称，然后在其后紧接着填写大写金额数字，货币名称和金额数字之间不得留有空白。

(3) 汉字填写金额如零、壹、贰、叁、肆、伍、陆、柒、捌、玖、拾、佰、仟、万、亿等，应一律用正楷或行书体填写，不得用〇、一、二、三、四、五、六、七、八、九、十等简化字代替，不得任意自造简化字。大写金额数字到元或角为止的，在“元”或“角”之后应当写“整”或“正”字。阿拉伯金额数字之间有“0”时，汉字大写金额应写“零”字；阿拉伯金额数字中间连续有几个“0”时，大写金额中可以只有一个“零”；阿拉伯金额数字元位为“0”或者数字中间连续有几个“0”、元位也是“0”，但角位不是“0”时，汉字大写金额可以只写一个“零”字，也可以不写“零”字。

(4) 不得涂改、刮擦、挖补。原始凭证记载的各项内容均不得涂改、刮擦、挖补。

原始凭证填写有错误的，应当由出具单位重开或更正，更正处应加盖出具单位印章。原始凭证金额有错误的，应由出具单位重开，不得在原始凭证上更正。

三、原始凭证的审核

为了保证会计资料的真实、准确、完整、合法，提高会计信息质量，必须对原始凭证进行认真审核，只有审核无误，才能作为编制记账凭证和登记账簿的依据。

(一) 原始凭证审核的内容

审核原始凭证，主要包括以下六个方面的内容。

1. 真实性审核

原始凭证的真实性审核主要包括对凭证日期、业务内容、数据资料等内容是否真实进行审查。此外，对通用原始凭证，还应审核凭证本身的真实性，以防假冒。

2. 合法性审核

主要是审核原始凭证是否符合规定的审核权限，是否履行了规定的凭证传递和审查程序，是否有贪污腐败等行为。

3. 合理性审核

主要是审核原始凭证所记录的经济业务是否符合企业生产经营活动的需要、是否符合有关的计划和预算、是否符合常理等。

4. 完整性审核

主要是审核原始凭证的项目是否填写齐全、数字是否清晰等。

5. 正确性审核

主要是审核凭证数字计算是否正确、大小写金额是否一致、小写金额前是否标明货币币种符号或货币名称缩写、中间是否留有空位、金额是否标至“分”、无角分的是否以“0”补位、凭证中是否有书写错误等。

6. 及时性审核

主要审核是否在业务发生或者完成的时候及时填制凭证、是否及时按规定程序履行相应手续传递凭证等。审核时尤其要注意审核凭证填制的日期,特别是支票、银行汇票、银行本票等有时效性规定的原始凭证的填制或签发日期。

(二) 原始凭证审核结果的处理

原始凭证的审核是一项十分重要、严肃的工作,应根据不同的情况处理:

(1) 对于完全符合要求的原始凭证,应及时据以编制记账凭证登记入账;

(2) 对于不准确、不完整的原始凭证,应退回给有关经办人员,由其负责将有关凭证补充完整、更正错误或重开后,再办理正式会计手续;

(3) 对于不真实、不合法的原始凭证,会计机构和会计人员有权不予接受,并向单位负责人报告。对于弄虚作假、营私舞弊、欺骗上级等违法乱纪行为,应依据法律规定,坚决拒绝执行,并向有关方面反映情况。

第三节 记账凭证的填制与审核

一、记账凭证的基本内容

记账凭证是登记账簿的直接依据,为了满足会计记账的要求,记账凭证必须具备以下基本内容:

(1) 记账凭证的名称;

(2) 记账凭证的编号;

(3) 填制凭证的日期(一般与原始凭证的日期一致);

(4) 经济业务的内容摘要;

(5) 会计科目的名称、记账方向和金额;

(6) 所附原始凭证的张数;

(7) 会计主管、记账、复核、出纳、制单等有关人员签名或盖章。

记账凭证和原始凭证同属于会计凭证,但二者存在以下不同:原始凭证是由经办人员填制,记账凭证一律由会计人员填制;原始凭证根据发生或完成的经济业务填制,记账凭证根据审核后的原始凭证填制;原始凭证仅用以记录、证明经济业务已经发生或完成,记账凭证要依据会计科目对已经发生或完成的经济业务进行归类、整理;原始凭证是填制记账凭证的依据,记账凭证是登记账簿的依据。

二、记账凭证的填制要求

（一）记账凭证填制的基本要求

记账凭证是原始凭证和会计账簿的中间环节，正确地填制记账凭证，是保证账簿记录正确的基础。因此，填制记账凭证必须符合以下基本要求：

（1）审核无误。即在对原始凭证审核无误的基础上填制记账凭证。这是内部控制制度的一个重要环节。

（2）内容完整。即记账凭证应该包括的内容都要具备。应该注意的是：记账凭证的日期，收付凭证一般应填写经济业务的发生日期；转账凭证上的日期，一般应写转账凭证的填制日期，但有些属于当月按权责发生制原则计算收益、分配费用、结转成本利润等调整分录和结账分录的记账凭证，需要到下月初才能编制转账凭证，则应填写当月末的日期，以便记入当月账内，正确计算当月的经营成果。

（3）分类正确。即根据经济业务的内容，正确区别不同类型的原始凭证，正确应用会计科目。在此基础上，记账凭证可以根据每一张原始凭证填制，或者根据若干张同类原始凭证汇总编制，也可以根据原始凭证汇总表填制，但不能将不同内容和类别的原始凭证汇总填制在一张记账凭证上。

（4）连续编号。即记账凭证应连续编号。这有利于分清会计事项处理的先后，便于记账凭证与会计账簿之间的核对，确保记账凭证的完整。

（二）记账凭证填制的具体要求

（1）除结账和更正错误，记账凭证必须附有原始凭证并注明原始凭证的张数。所附原始凭证的张数计算，一般以原始凭证的自然张数为准。如果原始凭证中有原始凭证汇总表，则应把所附的原始凭证和原始凭证汇总表的张数一起计入附件张数内。但报销差旅费的零散票据，可以粘贴在一张纸上，作为一张原始凭证。一张原始凭证如果涉及若干张记账凭证的，可以将该原始凭证附在一张主要记账凭证后面，并在其他记账凭证附件处注明该记账凭证的编号或者附上该原始凭证的复印件。附件张数用中文大写。

（2）一张原始凭证所列的支出需要由两个以上的单位共同负担时，应当由保存该原始凭证的单位开给其他应负担单位原始凭证分割单。

（3）记账凭证编号的方法有多种，可采用字号编号法，即可按凭证类别顺序编号；也可采用双重编号法，即按总字顺序编号与按类别顺序编号相结合。在采用专用记账凭证的单位，可以按现金收付、银行存款收付和转账业务三类顺序编号，即现字第×号、银字第×号、转字第×号;也可以按现金收入、现金支出、银行存款收入、银行存款支出和转账五类进行编号,即现收字第×号、银收字第×号、现付字第×号、银付字第×号、转字第×号。采用通用记账凭证的单位,可以按记账凭证顺序编号,即记字第×号。各单位应当根据单位业务繁简程度、人员多少和分工情况来选择便于记账、查账、内部稽核且简单严密的编号方法。无论采用哪一种编号方法,都应该按月顺序编号,即每月都从1号编起,顺序编至月末。一笔经济业务如果需要填制两张或两张以上记账凭证的,可采用分数编号法。

例如,20笔经济业务的会计分录需要填制两张凭证,则可以编成:20 1/2;20 2/2,表示第20笔业务共用两张记账凭证,第一张编号为20 1/2、第二张编号为20 2/2。

(4) 若记账之前发现记账凭证有错误,应重新编制正确的记账凭证,并将错误凭证作废或撕毁。已经登记入账的记账凭证,在当年内发现填写错误时,应采用红字更正法或补充登记法进行更正。发现以前年度的错误,应用蓝字填制一张更正的记账凭证。

特殊情况:在出现以下经济业务时,要同时编制两种记账凭证。一是销售一批产品,现有一部分货款已收到,而另一部分货款没有收到。这个时候,应该同时编制收款凭证和转账凭证;二是业务人员出差回来后报销差旅费,余款退回。此时,也应该同时编制收款凭证和转账凭证。

(5) 真实准确、简明扼要书写记账凭证摘要。

(6) 正确编制会计分录并保证借贷平衡。

(7) 用蓝黑墨水或碳素墨水书写。记账应按行次逐笔填写,不得跳行或留有空行。填制完经济业务事项后,如有空行,应当在金额栏自最后一笔金额数字下空行处至合计数上的空行处,由左下角至右上角划斜线注销。

(8) 记账凭证的金额必须与原始凭证的金额相符;阿拉伯数字应书写规范,并填至分位;相应的数字应平行对准相应的借贷栏次,防止错栏窜行;合计行填写金额时,应在金额最高位数值前填写人民币"¥"字符号,以示金额封顶,防止篡改。

(9) 只涉及现金和银行存款之间收入或付出的经济业务,应以付款业务为主,只填制付款凭证,不填制收款凭证,以免重复。

(10) 记账凭证填写完毕,应进行复核与检查,并进行试算平衡。有关人员均要签名盖章。出纳人员根据收款凭证收款或根据付款凭证付款时,要在凭证上加盖"收讫"或"付讫"的戳记,以免重收重付,防止差错。

(11) 实行会计电算化的单位,其自制记账凭证应当符合对记账凭证的基本要求和一般要求。

三、记账凭证的编制

（一）收款凭证的编制

收款凭证是用来记录货币资金收款业务的凭证，它是由出纳人员根据审核无误的原始凭证收款后填制的。

收款凭证左上角的“借方科目”按收款的性质填写“库存现金”或“银行存款”，日期填写的是编制本凭证的日期。

【例 5-1】 企业 2013 年 8 月 20 日销售 A 货物一批，价款 50 000 元，收到购买单位支票一张，收讫 50 000 元存入银行。填制如图 5.13 所示的收款凭证。

收 款 凭 证

借方科目：银行存款　　　　2013 年 8 月 20 日　　　　银收字第 14 号

摘　要	贷方科目		记账	金额	
	一级科目	二级或明细科目			
销售 A 产品	主营业务收入	A 产品		50 000.00	附件贰张
合　计				￥50 000.00	

会计主管：　　记账：　　出纳：　　审核：　　制单：

图 5.13 收款凭证

（二）付款凭证的编制

付款凭证是用来记录货币资金付款业务的凭证，它是由出纳人员根据审核无误的原始凭证付款后填制的。

付款凭证的编制方法与收款凭证基本相同，只是左上角的“借方科目”换为“贷方科目”，凭证中间的“贷方科目”换为“借方科目”。

【例 5-2】 企业 2013 年 8 月 21 日以现金 150 元，支付零星办公开支。填制如图 5.14 的付款凭证。

付 款 凭 证

贷方科目:库存现金　　　　2013 年 8 月 21 日　　　　银付字第 20 号

摘　　要	借方科目		记账	金额
	一级科目	二级或明细科目		
支付办公费用	管理费用	办公费		150.00
合　　计				￥150.00

附件贰张

会计主管:　　记账:　　出纳:　　审核:　　制单:

图 5.14　付款凭证

对于涉及现金和银行存款之间的经济业务,如将现金存入银行或从银行提取现金,为了避免重复记账,一般只编制付款凭证,不编制收款凭证。

(三) 转账凭证的编制

转账凭证是用以记录与货币资金收付无关的转账业务的凭证,它是由会计人员根据审核无误的转账业务原始凭证填制的。

转账凭证将经济业务中所涉及全部会计科目,按照先借后贷的顺序记入"会计科目"栏中的"一级科目"和"二级或明细科目",并按应借、应贷方向分别记入"借方金额"或"贷方金额"栏。其他项目的填列与收、付款凭证相同。

【例 5-3】 企业 2013 年 8 月 30 日计提当月折旧 20 000 元,其中车间提取折旧 14 000 元,厂部管理部门提取折旧 6 000 元。填制如图 5.15 所示的转账凭证。

转 账 凭 证

2013 年 8 月 30 日　　　　转字第 190 号

摘　　要	会计科目		记账	借方金额	贷方金额
	一级科目	二级或明细科目			
计提本月折旧	制造费用	略		14 000.00	
	管理费用	略		6 000.00	
	累计折旧				20 000.00
合　　计				￥20 000.00	￥20 000.00

件壹张

会计主管:　　记账:　　审核:　　制单:××

图 5.15　转账凭证

(四) 通用凭证的编制

通用记账凭证是用以记录各种经济业务的凭证。采用通用记账凭证的经济单位,不再根据经济业务的内容分别填制收款凭证、付款凭证和转账凭证。

通用凭证的编制与转账凭证基本相同。不同的是,在凭证的编号上,可以将所有凭证统一编号,不标"字",按照发生经济业务的先后顺序编号。对于一笔经济业务需要两张或两张以上的记账凭证时,可以采取分数编号法。

四、记账凭证的审核

(一) 记账凭证的审核内容

为了保证会计账簿资料的正确性,在记账之前,应按照内部控制制度的规定,由有关稽核人员对记账凭证进行严格审核。记账凭证审核的基本内容主要包括以下方面:

(1) 内容是否真实。审核记账凭证是否有原始凭证为依据,所附原始凭证的内容是否与记账凭证的内容一致,记账凭证汇总表的内容与其所依据的记账凭证的内容是否一致等。

(2) 项目是否齐全。审核记账凭证各项目的填写是否齐全,如日期、凭证编号、摘要、金额、所附原始凭证张数及有关人员签章等。

(3) 科目是否准确。审核记账凭证的应借、应贷科目是否正确,是否有明确的账户对应关系,所使用的会计科目是否符合国家统一的会计制度的规定等。

(4) 金额是否正确。审核记账凭证所记录的金额与原始凭证的有关金额是否一致、计算是否正确,记账凭证汇总表的金额与记账凭证的金额合计是否相符等。

(5) 书写是否规范。审核记账凭证中的记录是否文字工整、数字清晰,是否按规定进行更正等。

(二) 记账凭证审核结果的处理

在审核过程中,如果发现不符合要求的地方,应要求有关人员采取正确的方法进行更正。只有经过审核无误的记账凭证,才能作为登记账簿的依据。

(1) 若记账之前发现记账凭证有错误,应重新编制正确的记账凭证,并将错误凭证作废或撕毁。

(2) 已经登记入账的记账凭证,在当年内发现填写错误时,应采用红字更正法或补充登记法加以更正。如果记账凭证上的会计科目、应借应贷的方向发生错误时，应用红字填写一张与原内容相同的记账凭证，在摘要栏注明“注销某月某日某号凭证”，同时再用蓝字重新填制一张正确的记账凭证，注明“订正某月某日某号凭证”。如果会计科目没有错误，只是金额错误，也可以将正确数字与错误数字之间的差额，另编一张调整的记账凭证，调增金额用蓝字，调减金额用红字。发现以前年度的错误，应用蓝字填制一张更正的记账凭证。

第四节　会计凭证的传递与保管

一、会计凭证的传递

会计凭证的传递是指从会计凭证取得或填制起至归档保管时止，在单位内部有关部门和人员之间的传送程序。会计凭证的传递，要求能够满足内部控制制度的要求，使传递程序合理有效，同时尽量节约传递时间，减少传递的工作量。一般包括凭证的传递路线、传递时间和传递手续三方面的内容。

（一）传递路线

企业中各种会计凭证记载的经济业务不同，涉及的部门和人员各不相同，据以办理的业务手续也不同。如有关会计凭证要经过哪些部门，应由哪些人员办理手续。企业应根据自身经济业务的特点、经营管理的实际情况，合理设置企业各种会计凭证的传递流程，明确经办人员，以确保传递路线的顺畅。

（二）传递时间

凭证传递时间包括凭证传递到各环节的停留时间和传递交接时间。会计凭证在传递过程中，应根据各部门业务处理需要，合理确定会计凭证在相关部门和人员手中的停留时间和传递交接时间。凭证传递时间是否合理，将直接影响会计信息质量的准确性和及时性。

（三）传递手续

凭证传递手续是指各部门在收发、交接会计凭证时所履行的手续。该手续在执行的过程中应该既完备严密，又简便易行，以确保凭证传递的安全和完整。

二、会计凭证的保管

会计凭证的保管是指会计凭证记账后的整理、装订、归档和存查工作。会计凭证作为记账的依据,是重要的会计档案和经济资料。为了便于随时查阅利用,各种凭证在办理好各项业务手续,并据以记账后,应由会计部门加以整理、归类,并交档案部门妥善保管。

(一)会计凭证的装订

(1)每月记账完毕,要将本月各种记账凭证连同所附的原始凭证或原始凭证汇总表,折叠整齐并整理归类,检查有无缺号和附件是否齐全。然后按顺序号排列,连同所附的原始凭证一起,加具封面、封底,装订成册,并在装订线上加贴封签或封条,由装订人员在装订线封签处签名或盖章。防止抽换凭证和丢失,便于事后查阅。从外单位取得的原始凭证遗失时,应取得原签发单位盖有公章的证明,并注明原始凭证的号码、金额、内容等,由经办单位会计机构负责人、会计主管人员和单位负责人批准后,才能代作原始凭证。若确实无法取得证明的,如车票丢失,则应由当事人写明详细情况,由经办单位会计机构负责人、会计主管人员和单位负责人批准后,代作原始凭证。

(2)会计凭证封面应注明:单位名称、凭证种类、凭证张数、起止号数、总计册数、所属年度和月份、会计主管人员、装订人员等有关事项,会计主管人员和保管人员应在封面上签章。会计凭证封面一般用牛皮纸制作,封面大小与装订的会计凭证一致,不能小于会计凭证。

(3)原始凭证数量较多时,可单独装订。如:收料单、发料单、工资结算单等。但应在凭证封面注明所属记账凭证的日期、编号和种类,同时在所属的记账凭证上应注明"附件另订"及原始凭证的名称和编号,以便查阅。

(二)会计凭证的保管标准

对会计凭证的保管,既要做到完整无缺,又要便于翻阅查找。其主要要求有:

(1)对已定期装订成册的会计凭证,应指定专人保管,防止丢失。

(2)原始凭证为本单位提供利用,原则上不得外借,其他单位如有特殊原因确实需要使用时,须经上级主管单位或单位领导、会计机构负责人或会计主管人员批准,办理借阅手续。向外单位提供的原始凭证复印件,应在专设的登记簿上登记,并由提供人员和收取人员共同签名、盖章。

(3)每年装订成册的会计凭证,在年度终了时可暂由单位会计机构保管一年,期满后应当办理移交手续，移交本单位档案机构统一保管；未设立档案机构的，应当在会计机构内部指定专人保管。出纳人员不得监管会计档案。

(4) 严格遵守会计凭证的保管期限要求，期满前不得任意销毁。要严格按照《会计档案管理办法》的规定，保管企事业单位的会计凭证一般为15年的期限。会计凭证在规定保管期限内，不得任意丢失和销毁。对于保管期满符合销毁条件的会计凭证，需要销毁时，由本单位档案部门提出销毁意见，会同财务会计部门共同鉴定、严格审查，填写“会计档案销毁目录和清单”，交档案部门编入“会计档案销毁清册”。机关、团体、事业单位和非国有企业会计档案要销毁时，报本单位领导批准后销毁；国有企业经企业领导审查，报请上级主管单位批准后销毁。销毁时，必须有相关部门(如档案管理部门和财会部门或同级财政部门、审计部门)派员监销，并取得参与销毁过程的有关部门和人员的签章。必须注意的是，涉及外事和对私改造的有关会计凭证，必须永久保管。会计档案保管期限满，但其中未了结的债权债务的原始凭证，应单独抽出，另行立卷，由档案部门保管到结清债权债务为止；建设单位在建期间的会计档案，不得销毁。

本章小结

会计凭证简称凭证，是记录经济业务、明确经济责任的书面证明，也是登记账簿的依据。会计凭证按照填制的程序和用途不同，分为原始凭证和记账凭证。

填制会计凭证应根据不同会计凭证的基本要素及填制要求，做到及时、准确、完整。对原始凭证的审核主要是对其真实性、完整性、合法性的审核。记账凭证审核的主要内容是审核记账凭证是否附有原始凭证；记账凭证所反映的经济业务的内容是否与所附原始凭证的内容相符；审核应借、应贷的会计科目和金额是否正确，账户的对应关系是否正确；审核填制手续是否完备，项目填写是否完整，有关人员签章是否齐全等。

会计凭证要按规定的要求填制，并应合理组织会计凭证的传递。各单位会计凭证的传递，要求能够满足内部控制制度的要求，使传递程序合理有效，同时尽量节约传递时间，减少传递的工作量。会计凭证作为会计主体的重要经济档案，应按规定妥善保管，不得随意拆装、出借和销毁。

思考题

1. 简述会计凭证的定义、分类及其作用。
2. 什么是原始凭证，原始凭证应如何分类？

3. 简述原始凭证的内容、填制要求和审核要求。

4. 什么是记账凭证？记账凭证应该如何分类？记账凭证与原始凭证有何区别？

5. 简述记账凭证的内容、填制要求和审核要求。

6. 什么是会计凭证传递？会计凭证传递包括哪些？

7. 会计凭证的保管有哪些规定？

第六章　会 计 账 簿

学习目标

了解会计账簿的定义、基本内容，掌握会计账簿的设置和登记方法、错账的更正、结账和对账方法。

第一节　会计账簿概述

企业在生产经营过程中，虽然会计凭证真实记录了已经发生或完成的各项经济业务的内容，但由于每张会计凭证只能记录和反映个别经济业务的性质和内容，所提供的资料较为零散，缺乏全面性和系统性，不便于会计信息的整理和报告。因此，为了全面、系统、连续地核算和监督企业的经济活动及其资金运动情况，取得全面系统的会计信息，就需要设置会计账簿，把会计凭证所反映的分散的经济业务内容，分类、连续、集中地登记到各种不同的会计账簿的各个不同账户中，以获得总括的、分类的经济业务的核算资料。

一、会计账簿的作用

（一）会计账簿的定义

会计账簿是指由一定格式的、相互联系的账页所组成的，以审核无误的会计凭证为依据，序时、分类、连续地记录各项经济业务的簿籍，又称账簿或账册。设置和登记会计账簿是会计核算的专门方法，是编制会计报表的基础，也是连接会计凭证与会计报表的中间环节。因此，科学设置和登记会计账簿在会计核算中具有重要的作用。

（二）会计账簿与账户的关系

会计账簿与账户二者之间相互联系，密不可分。会计账户是根据会计科目开设在具有一定格式的账页上的，账页是会计账户的载体和存在形式，开设账户的账页装订成册即为会计账簿。因此，账户存在于账簿之中，账簿是账户的外表形式，账户是账簿的真实内容。没有会计账簿，账户无法存在；而没有账户，账簿又失去了实质内容。二者之间是形式和内容的关系，缺一不可。

（三）会计账簿的作用

（1）会计账簿是会计信息的载体和重要的会计档案。设置和登记会计账簿，可以全面、连续、系统地记录和反映企业的经济活动所引起的各项资金的运动情况，整理、汇总、储存各项会计信息，以利于日后查考。

（2）会计账簿是定期编制会计报表的根据。会计账簿是由不同的相互联系的账户所构成的，可以分类、汇总各项会计信息。因此，设置和登记会计账簿，既可以提供一定时期内的各类经济业务的详细情况，又能通过定期对账和结账，计算各账户的发生额和余额，提供企业一定时期的财务状况和经营成果的总括的会计信息，从而为企业定期编制会计报表提供相关可靠的依据。

（3）会计账簿可以为经济监督提供依据。通过设置和登记账簿，可以了解和掌握企业各项资产、负债、所有者权益以及收入、费用和利润的情况，为企业分析、检查、考核各项计划和预算的执行情况，监督财经法律、法规和各项管理制度的实施情况，改善经营管理，提高经济效益提供重要的数据资料。

二、会计账簿的分类

在会计账簿体系中，有各种不同功能和作用的账簿，它们各自独立又相互补充。为了便于了解和使用，必须从不同的角度对会计账簿进行分类。

（一）会计账簿按用途分类

会计账簿按其用途不同，可分为序时账簿、分类账簿和备查账簿。

（1）序时账簿又称日记账，是按经济业务发生或完成时间的先后顺序逐日逐笔进行登记的账簿。按其记录的内容不同，序时日记账又分为普通日记账和特种日记账。

普通日记账是用来序时记录全部经济业务发生情况的日记账簿。即把每天发生的各项经济业务逐日逐笔地登记在日记账中，并确定会计分录，然后据以登记分类账。

特种日记账是专门用来序时记录某一类经济业务发生情况的日记账簿。目前在我国,大多数单位一般只设库存现金日记账和银行存款日记账。

(2) 分类账簿是对全部经济业务事项按照会计要素的具体类别而设置的分类账户进行登记的账簿,是编制会计报表的主要依据。按照分类账户的概括程度不同,又分为总分类账和明细分类账两种。

总分类账簿是按照总分类账户分类登记经济业务事项的账簿,简称总账。

明细分类账簿是按照明细分类账户分类登记经济业务事项的账簿,简称明细账。

总分类账提供总括的会计信息,明细分类账提供详细的会计信息,是对总分类账的补充和具体化,并受总分类账的控制和统驭。

(3) 备查账簿简称备查簿,是对在序时账簿和分类账簿等主要账簿中不予登记或者登记不够详细的某些经济业务事项进行补充登记时使用的账簿,又称为辅助账簿。一般登记不需要记账凭证,甚至不需要原始凭证,所以也称表外账簿。备查账簿更注重文字表述业务的发生情况,没有固定格式。如租入固定资产登记簿、应收(付)票据备查簿、受托加工材料登记簿等。

(二) 会计账簿按外表形式分类

会计账簿按外表形式不同,可以分为订本式账簿、活页式账簿和卡片式账簿三种。

(1) 订本式账簿也称订本账,是指在账簿启用前就把具有账户基本结构并连续编号的若干张账页固定地装订成册的账簿。其优点是可以避免账页散失和防止抽换账页。其缺点是不能准确为各账户预留账页。这种账簿一般适用于总分类账、库存现金日记账和银行存款日记账。

(2) 活页式账簿也称活页账,是指在账簿登记完毕之前将账页不固定地装在活页账夹中,当账簿登记完毕之后(通常是一个会计年度结束之后),才能将账页装订,加具封面,并给各账页连续编号的会计账簿。其优点是记账时可以根据实际需要,随时在账簿中增减空白账页,便于分工记账。其缺点是账页容易散失和被随意抽换。各种明细分类账一般采用活页账簿形式。

(3) 卡片式账簿又称卡片账,是指将账户所需格式印刷在硬卡上的会计账簿。严格说,卡片账也是一种活页账簿。在我国,企业一般只对固定资产和低值易耗品等资产明细账采用卡片账形式。

(三) 会计账簿按账页的格式分类

会计账簿按其账页的格式不同,可以分为两栏式账簿、三栏式账簿、多栏式账簿、数量金额式账簿和横线登记式账簿。

(1) 两栏式账簿是指只有“借方”和“贷方”两个基本金额栏目的账簿。普通日记账一般采用两栏式。实际工作中,已较少采用。

(2) 三栏式账簿是指其账页的格式主要为“借方”、“贷方”和“余额”三栏或者“收入”、“支出”和“余额”三栏的账簿。它主要适用于特种日记账,总分类账以及资本、债权、债务明细账等。

(3) 多栏式账簿是指在账簿的“借方”和“贷方”栏内按需要再分设若干专栏的账页组成的账簿。一般纳税人企业的应交增值税明细账、收入、成本、费用、利润和利润分配明细账一般均采用这种格式的账簿。

(4) 数量金额式账簿是指在账页的“借方”、“贷方”和“余额”或者“收入”、“发出”和“结存”三栏内,都分设“数量”、“单价”和“金额”三小栏的账簿,借以反映财产物资的实物数量和金额。原材料、周转材料、库存商品、产成品等存货明细账一般采用数量金额式账簿。

(5) 横线登记式账簿是指账页分为“借方”和“贷方”两个基本栏目,每一个栏目再根据需要分设若干栏次,在账页两方的同一行记录某一经济业务自始至终所有事项的账簿。它主要适用于需要逐笔结算的经济业务的明细账,如物资采购明细账、备用金明细账等。

第二节　账簿的内容、格式与登记方法

一、会计账簿的基本内容

各种账簿所记录的经济内容不同,账簿的格式又多种多样,不同账簿的格式所包括的具体内容也不尽一致,但各种主要账簿应具备以下基本内容:

(1) 封面。标明账簿的名称(如现金日记账、银行日记账、总分类账等)和记账单位名称等。

(2) 扉页。扉页正面主要标明启用日期和截止日期;页数;册次;经管人员一览表和签章、会计主管签章等。扉页背面主要列明科目索引。

(3) 账页。账页是用来记录具体经济业务的载体,其格式因记录经济业务的内容的不同而有所不同,但每张账页上应载明的主要内容有:账户的名称(即会计科目);记账日期栏;记账凭证种类和号数栏;摘要栏(经济业务内容的简要说明);借方、贷方金额及余额的方向、金额栏;总页次和分页次等。

二、会计账簿的登记规则

（一）根据审核无误的会计凭证登记账簿

记账的依据是会计凭证，记账人员在登记账簿之前，应当首先审核会计凭证的合法性、完整性和真实性，这是确保会计信息质量的重要措施。

（二）记账时要做到准确完整

记账人员记账时，应当将会计凭证的日期、编号、经济业务内容摘要、金额和其他有关资料记入账内。每一会计事项要按平行登记方法，一方面记入有关总账，另一方面记入总账所属的明细账，做到数字准确、摘要清楚、登记及时、字迹清晰工整。记账后，要在记账凭证上签章并注明所记账簿的页数，或划"√"表示已经登记入账，避免重记、漏记。

（三）书写不能占满格

为了便于更正记账和方便查账，登记账簿时，书写的文字和数字上面要留有适当的空格，不要写满格，一般应占格距的1/2。

（四）顺序连续登记

会计账簿应当按照页次顺序连续登记，不得跳行、隔页。如果发生跳行、隔页的，应当将空行、空页用红色墨水对角划线注销，并注明"作废"字样，或者注明"此行空白"、"此页空白"字样，并由经办人员盖章，以明确经济责任。

（五）正确使用蓝黑墨水和红墨水

登记账簿要用蓝黑墨水或碳素墨水书写，不得使用圆珠笔或者铅笔书写。这是因为各种账簿归档保管年限，国家规定一般都在10年以上，有些关系到重要经济资料的账簿，则要长期保管，因此要求账簿记录保持清晰、耐久，以便长期查核使用，防止涂改。红色墨水只能在以下情况下使用：冲销错账；在未设借、贷方的多栏式账页中，登记减少数；在三栏式账户的余额栏前，如未印明余额方向的，在余额栏内登记负数余额；根据国家统一会计制度的规定可以使用红字登记的其他会计记录。在会计上，书写墨水的颜色用错了，会传递错误的信息，红色表示对正常记录的冲减。因此，红色墨水不能随意使用。

（六）结出余额

凡需要结出余额的账户，应按时结出余额，现金日记账和银行日记账必须逐日结出余额；债权债务明细账和各项财产物资明细账，每次记账后，都要随时结出余额；总账账户平时每月需要结出月末余额。结出余额后，应当在“借或贷”栏内写明“借”或者“贷”字样以说明余额的方向。没有余额的账户，应当在“借或贷”栏内写“平”字，并在余额栏内用“0”注明，一般来说，“0”应放在“元”位。

（七）过次承前

各账户在一张账页记满时，要在该账页的最末一行加计发生额合计数和结出余额，并在该行“摘要”栏注明“过次页”字样；然后，再把这个发生额合计数和余额填列在下一页的第一行内，并在“摘要”栏内注明“承前页”，以保证账簿记录的连续性。

（八）账簿记录错误应按规定的办法更正

账簿记录发生错误时，不得刮、擦、挖、补，随意涂改或用褪色药水更改字迹，应根据错误的情况，按规定的方法进行更正。

三、账簿的设置和登记方法

（一）日记账的设置和登记方法

（1）普通日记账是逐日序时登记特种日记账以外的经济业务的账簿。一般分为“借方金额”和“贷方金额”两栏，登记每一个分录的借方账户和贷方账户及金额，这种账簿不结余额，一般采用两栏式，其格式见表6.1所示。

表6.1 普通日记账

年		凭证		摘要	会计科目	借方金额	贷方金额	过账
月	日	字	号					

（2）特种日记账是专门用来序时记录某一类经济业务发生情况的日记账簿。目前，我国大多数单位一般只设库存现金日记账和银行存款日记账。现金日记账

和银行存款日记账都必须使用订本账，一般采用三栏式账页。

现金日记账是由出纳人员根据现金收款凭证、现金付款凭证和银行存款付款凭证（从银行提取现金，只编制银行存款付款凭证），按经济业务发生时间的先后顺序，逐日逐笔进行登记。每日终了应计算全日的现金收入、支出合计数，并逐日结出现金余额，与库存现金实存数核对，以检查每日现金收付是否有误。每月期末，应结出当期“收入”栏和“支出”栏的发生额和期末余额，并与“现金”总分类账户核对一致，做到日清月结，账实相符。如账实不符，应查明原因。现金日记账的格式如表 6.2 所示。

银行存款日记账是由出纳人员根据银行存款收款凭证、银行存款付款凭证和现金付款凭证（现金存入银行，只编制现金付款凭证）按经济业务发生时间的先后顺序，逐日逐笔进行登记的序时账簿。银行存款日记账和现金日记账一样，每日终了时要结出余额，做到日清，以便检查监督各项收支款项，避免出现透支现象，同时也便于同银行对账单进行核对。银行存款日记账的格式同现金日记账的格式相似，如表 6.2 所示。

表 6.2　库存现金（银行存款）日记账

年		凭证		摘　　要	对方科目	收入	支出	结余
月	日	字	号					

（二）分类账的设置和登记

分类账有总分类账和明细分类账两类。

1. 总分类账

总分类账也称总账，是按总分类账户进行分类登记，全面、总括地反映和记录经济活动情况，并为编制会计报表提供资料的账簿。每一企业都应设置总分类账。总分类账最常用的格式为三栏式订本账。总分类账的登记，可以根据记账凭证逐笔登记，也可以根据汇总记账凭证或科目汇总表等登记，一般经济业务不多的企业根据记账凭证逐笔登记总账；企业规模较大，经济业务较多，一般根据汇总记账凭证或科目汇总表等登记。总分类账的格式见表 6.3 所示。

表 6.3 总分类账

账户名称：库存现金

年		凭证		摘要	借方	贷方	借或贷	余额
月	日	字	号					

2. 明细分类账

明细分类账简称二级账，是根据明细账户分类、连续地登记经济业务以提供明细核算资料的账簿。各单位根据实际需要设置的明细分类账一般有债权债务、存货、成本、费用、固定资产、收入、资本等明细分类账。

明细账的格式应根据它所反映经济业务的特点，以及财产物资管理的不同要求来设计，一般有三栏式明细账、数量金额式明细账、多栏式明细账和横线登记式明细分类账四种。

(1) 三栏式明细分类账账页的格式同总分类账的格式基本相同，它只设“借方”、“贷方”和“金额”三栏。所不同的是，总分类账簿为订本账，而三栏式明细分类账簿多为活页账。这种账页适用于采用金额核算的“应收账款”、“应付账款”等账户的明细核算。其格式见表 6.4 所示。

表 6.4 应收账款明细分类账

账户名称：

年		凭证		摘要	借方	贷方	借或贷	余额
月	日	字	号					

(2) 数量金额式明细账其账页设置三大栏、九小栏。即在“收入”、“发出”、“结存”三大栏内，再分设“数量”、“单价”和“金额”三小栏。它适用于既要进行金额明细核算，又要进行数量明细核算的财产物资项目。如“原材料”、“库存商品”等账户的明细核算。其格式见表 6.5 所示。

表 6.5　原材料明细账

材料名称：　　　　　　　　　　　　　　　　　　　　　　计量单位：

年		凭证		摘要	收入			发出			结存		
月	日	字	号		数量（千克）	单价	金额	数量（千克）	单价	金额	数量（千克）	单价	金额

（3）多栏式明细分类账是将属于同一个总账科目的各个明细科目合并在一张账页上进行登记，即账页的"借方"或"贷方"金额栏内按照明细项目设若干专栏。它主要适用于只记金额、不记数量，而且在管理上需要了解其构成内容的成本、费用、收入、利润等明细账的核算。如"生产成本"、"制造费用"、"管理费用"、"主营业务收入"、"本年利润"、"利润分配"和"应交税费——应交增值税"等明细分类账户。其格式见表 6.6 和表 6.7 所示。

表 6.6　生产成本明细账

账户名称：

年		凭证		摘要	借方				贷方	余额
月	日	字	号		直接材料	直接人工	制造费用	合计		

表 6.7　营业外收入明细分类账

账户名称：

年		凭证		摘要	收入项目				合计
月	日	字	号		捐赠利得	罚款利得	政府补助	处置固定资产收益	

（4）横线登记式明细分类账是指在账页的同一行内，记录某项经济业务从发生到结束的所有事项，如备用金的借支和报销、在途物资的发出和验收入库等。其

特点是将前后密切相关的经济业务在同一横行内进行详细登记，以检查每笔经济业务完成及变动情况。同一行内借方、贷方均有记录时，表示该项经济业务已处理完毕，若一行内只有借方记录而无贷方记录的，表示该项经济业务尚未结束。适用于“材料采购”、“在途物资”、“其他应收款——备用金”等明细分类账户。其格式如表 6.8 所示。

表 6.8 材料采购明细分类账

账户名称：

年		凭证		摘要	借方			贷方	余额
月	日	字	号		买价	采购费用	合计		

（三）备查账簿的格式和登记方法

备查账簿是一种补充登记的辅助账簿，设置目的是为了某项交易或事项的内容提供必要的补充资料，补充序时账和日记账的不足。其记录不计入单位的会计报告，一般没有统一的格式，各单位可根据实际工作需要自行设置。如“租入固定资产登记簿”等。其格式见表 6.9 所示。

表 6.9 租入固定资产登记簿

第　　页

固定资产名称及规格	租约合同号数	租出单位	租入日期	租金	使用部门		归还日期	备注
					日期	单位		

第三节　错账更正的方法

在填制凭证和登记账簿的过程中发现错误，一经查出就应立即更正。为确保记录的整洁、完整，防止舞弊现象的发生，必须按照专门的方法进行错误更正。常用的错账更正方法有划线更正法、红字更正法和补充登记法三种。

一、错账查找方法

查找错账的方法主要有个别检查法和全面检查法两种。

（一）个别检查法

个别检查法是针对错账的数字来进行检查的方法。这种方法适用于检查方向记反、数字错位和数字颠倒等造成的记账错误。个别检查法又可以分为差数法、倍数法和除9法三种。

(1) 差数法就是记账人员首先确定错账的差数，再根据差数去查找错误的方法。这种方法对于发现漏记账目比较有效，也很简便。

(2) 倍数法也叫除2法，首先算出借方和贷方的差额，再根据差额的一半来查找错误的方法，这种方法适用于会计账簿因栏次错写而造成的方向错误。

(3) 除9法就是先算出借方与贷方的差额，再除以9来查找错误的方法，适用于两种情况，即数字错位和数字颠倒。

（二）全面检查法

全面检查法是对一定时期的账目进行全面核对的检查方法，具体又分为顺差法和逆差法两种。

(1) 顺差法是按照记账的顺序，从头到尾依次检查原始凭证、记账凭证、总账、明细账以及会计科目余额表等。

(2) 逆差法是与记账的顺序相反，也就是首先检查科目余额表中数字的计算是否正确，其次检查各账户的计算是否正确，再次核对各账簿与记账凭证是否相符，最后检查记账凭证与原始凭证是否相符。

二、错账更正方法

（一）划线更正法

记账凭证填制正确，在记账或结账过程中发现账簿记录中文字或数字有错误，应采用划线更正法。具体做法是：先在错误的文字或数字上划一条红线，表示注销，划线时必须使原有字迹仍可辨认。然后将正确的文字或数字用蓝字写在划线处的上方，并由记账人员在更正处盖章，以明确责任。对于文字的错误，可以只划去错误的部分，并更正错误的部分，对于错误的数字，应当全部划红线更正，不能只更正其中的个别错误数字。

例如,把"3 457"元误记为"8 457"元时,应将错误数字"8 457"全部用红线注销后,再写上正确的数字"3 457",而不是只删改一个"8"字。

(二) 红字更正法

在记账以后,如果发现记账凭证中应借、应贷科目或金额发生错误时,可以用红字更正法进行更正。具体做法是:先用红字金额填写一张与错误记账凭证内容完全相同的记账凭证,且在摘要栏注明"更正某月某日第×号凭证",并据此用红字金额登记入账,以冲销账簿中原有的错误记录,然后再用蓝字重新填制一张正确的记账凭证,登记入账。这样,原来的错误记录便得以更正。

红字更正法一般适用于以下两种错账情况的更正:

(1) 记账后,如果发现记账凭证中的应借、应贷会计科目有错误,那么可以用红字更正法予以更正。

【例 6-1】 A 车间领用甲材料 2 000 元用于一般消耗。填制记账凭证时,误将借方科目写成"生产成本",并已登记入账。原错误记账凭证为:

借:生产成本　　2 000

　贷:原材料　　2 000

第一步:发现错误后,用红字填制一张与原错误记账凭证内容完全相同的记账凭证,并据以用红字金额登记入账。

借:生产成本　　[2 000]

　贷:原材料　　[2 000]

第二步:用蓝字填制一张正确的记账凭证并据以用蓝字登记入账。

借:制造费用　　2 000

　贷:原材料　　2 000

(2) 记账后,如果发现记账凭证和账簿记录中应借、应贷的账户没有错误,只是所记金额大于应记金额。对于这种账簿记录的错误,更正的方法是:将多记的金额用红字填制一张与原错误记账凭证会计科目相同的记账凭证,并在摘要栏注明"更正某月某日第×号凭证",并据以用红字登记入账,以冲销多记的金额,使错账得以更正。

【例 6-2】 例 6-1 中,假设在编制记账凭证时应借、应贷账户没有错误,只是金额由 2 000 元写成了 20 000 元,并且已登记入账。

该笔业务只需用红字更正法编制一张记账凭证将多记的金额 18 000 元用红字冲销并据以用红字登记入账。编制的记账凭证为:

借:制造费用　　[18 000]

贷:原材料 18 000

(三)补充登记法

在记账之后,如果发现记账凭证中应借、应贷的账户没有错误,但所记金额小于应记金额,造成账簿中所记金额也小于应记金额,这种错账应采用补充登记法进行更正。更正的方法是:将少记金额用蓝笔填制一张与原错误记账凭证会计科目相同的记账凭证,并在摘要栏内注明"补记某月某日第×号凭证"并予以登记入账,补足原少记金额,使错账得以更正。

【例 6-3】 例 6-1 中,假设在编制记账凭证时应借、应贷账户没有错误,只是金额由 2 000 元写成了 200 元,并且已登记入账。

该笔业务只需用补充登记法编制一张记账凭证将少记的金额 1 800 元补足,并据以登记入账。其记账凭证为:

借:制造费用 1 800

　　贷:原材料 1 800

红字更正法和补充登记法都是用来更正因记账凭证错误而产生的记账错误,如果非因记账凭证的差错而产生的记账错误,只能用划线更正法更正。

第四节　对账与结账

登记账簿作为会计核算的方法之一,它除了包括记账外,还包括对账和结账两项工作。

一、对账

对账就是核对账目,是指在期末结账前,将账簿记录与会计凭证、各种账簿之间的数字核对、账簿记录与往来款项的实际数、账簿记录与实物及货币资金的实存数核对。通过对账,做到账证相符、账账相符、账实相符,使期末编制的会计报表数据真实可靠。

对账分为日常核对和定期核对两种。日常核对是指会计人员在编制会计凭证时,对原始凭证和记账凭证的审核;在登记账簿时,对账簿记录与会计凭证的核对。定期核对是指期末结账前,对凭证、账簿记录等进行的核对。

对账的内容一般包括账证核对、账账核对、账实核对。

（一）账证核对

账证核对是指将会计账簿记录与会计凭证进行核对。包括总分类账、明细分类账以及现金日记账和银行日记账等与有关的记账凭证及其所附的原始凭证的内容、金额和记账方向进行核对。其目的是为了保证账簿和会计凭证记录相符。这种核对一般在平时编制记账凭证和登记账簿时进行，一旦发现错误，及时查明原因并纠正。

（二）账账核对

账账核对是指将各种会计账簿之间相对应的记录进行核对。企业在每月月末至少进行一次。具体核对的内容包括：

1. 总分类账簿与序时账簿核对

库存现金日记账和银行存款日记账期末余额应分别与库存现金和银行存款总分类账户的期末余额核对相符。这是账户平行登记的体现。

2. 总分类账簿各有关账簿的发生额、余额核对

总分类账各账户借方发生额合计数与贷方发生额合计数，期末借方余额合计数与期末贷方余额合计数，应分别核对相符。这种核对可通过编制明细分类账户试算平衡进行。

3. 总分类账簿与所属明细分类账簿核对

总分类账各账户的本期发生额和期末余额与其所属明细分类账户相应数字核对相符。这也体现了账户的平行登记。

4. 明细分类账簿之间的核对

会计部门有关财产物资的明细分类账期末余额应与财产物资保管或使用部门登记的明细账的期末余额核对相符。

（三）账实核对

账实核对是指将货币资产等各项财产物资、债权债务等账簿的账面记录与其实有数额进行核对，一般在年终清查时进行核对。主要内容包括：

(1) 库存现金日记账账面余额与库存现金实际库存数核对相符；

(2) 银行存款日记账账面余额与开户银行对账单余额核对相符；

(3) 各种财产物资明细分类账账面余额与财产物资实存数核对相符；

(4) 各种债权债务明细账账面余额与对方单位的账面记录核对相符。

二、结账

结账是指在把一定时期(月度、季度、年度)内发生的全部经济业务登记入账的基础上,按照规定的方法对该期内的账簿记录进行小结,结算出各账户的本期发生额和期末余额,并将期末余额转入下期或下年新账,同时划出结账标志的程序和方法。

(一) 结账的程序

(1) 本期发生的经济业务事项,应全部制证入账,并保证其正确性。

(2) 根据权责发生制的要求,将属于本期的收入、费用和成本进行调整和结转,合理确定本期应计的收入和应计的费用。

(3) 将损益类账户的余额转入"本年利润",结平所有损益类账户。

(二) 结账的方法

1. 月度结账

(1) 对需要结出当月发生额的账户,本月最后一笔记录下结出发生额和期末余额(在"借"或"贷"栏上列出余额方向),在摘要栏内填上"本月合计",然后在其上、下各画一条通栏单红线,表示月度结束。如果有的账户月末无余额,应在"借"或"贷"栏写上"平"字样,在金额栏写上"0"。如果有的账户本月发生额只有一笔数字,只需要在此行记录下划一道红线,表示与下月的发生额分开即可。对需要结计本年累计发生额的某些明细账户,如各项收入、费用等,每月结账时,除应进行"本月合计"的结账外,还应在"本月合计"行下结出自年初起至本月末止的累计发生额,登记在月份发生额下面,在"摘要"栏内注明"本年累计"字样,并在下面通栏划单红线。12 月末的"本年累计"就是全年累计发生额,全年累计发生额下划通栏双红线。

(2) 现金、银行存款日记账和需要按月结计发生额的收入、费用等明细账户,每月结账时,要在最后一笔经济业务记录下面划一条通栏的单红线,表示本期的经济业务的会计记录已经截止或者结束,然后结出本月发生额和余额,在"摘要"栏内注明"本月合计"字样,并在下面再划一条通栏单红线。表示本月的全部会计记录已经结束。

(3) 对不需按月结计本期发生额的账户,每次记账以后,都要随时结出余额,每月最后一笔余额即为月末余额。月末结账时,只需要在最后一笔经济业务事项记录之下通栏划单红线,不需要再结计一次余额。如各项应收、应付款明细账和各项财产物资明细账等。月末划线的目的,是为了突出有关数字,表示本期的会计记录已经截止或者结束,并将本期与下期的记录明显分开。

2. 季度结账

在账户中结出季度发生额合计数和季末余额,记录在该季度最后一个月的月结数字的下一行,在"摘要"栏内填上"本季合计",并在季结记录下面划一条通栏单红线。

3. 年度结账

年度终了结账时,在账户中结出本年度发生额和年末余额,并在记录第四季度结算数字的下一行,在"摘要"栏内填上"本年合计"字样,并在下面划通栏双红线,以表示年终账目结束。有余额的账户,要将其余额结转下年,并在"摘要"栏注明"结转下年"字样;在下一会计年度新建有关会计账户的第一行"余额"栏内填写上年结转的余额,并在"摘要"栏注明"上年结转"字样。即将有余额的账户余额,直接计入新账"余额"栏内,不需要编制记账凭证,也不必将余额再计入本年账户的借方或者贷方,使本年度有余额的账户余额变为零。

4. 总账账户

平时只需结出月末余额,年终结账时,为了总括反映本年全年各项资金运动情况的全貌,核对账目,要将所有总账账户结出全年发生额和年末余额,在"摘要"栏内注明"本年合计"字样,并在合计数下划通栏双红线。如表 6.10 所示。

提示:"本月合计"一行上下划通栏单红线;"本季合计"一行下面划通栏单红线;"本年合计"下划通栏双红线。

表 6.10 总分类账

账户名称:原材料

2013 年		凭证号	摘要	借	贷	借或贷	余额
月	日						
1	1	略	上年结转			借	12 500
	10		入库	10 000		借	22 500
	12		领用		4 000	借	18 500
	24		领用		8 000	借	10 500
	31		本月合计	10 000	12 000	借	10 500
2	1		上月结账			借	10 500
	28	略	本月合计	5 000	5 500	借	10 000

续表

2013 年		凭证号	摘要	借	贷	借或贷	余额
月	日						
3	5		入库	25 000		借	35 000
	12		领用		8 000	借	27 000
	18		领用		12 000	借	15 000
	25		入库	5 000		借	20 000
	31		本月合计	30 000	20 000	借	20 000
	31		第一季度合计	45 000	37 500	借	20 000
	略		略	略	略	借	略
12	31		略	略	略	借	略
12	31		第四季度合计	略	略	借	略
12	31		本年合计	10 000	80 000	借	32 500
12	31		结转下年		32 500	平	0

本章小结

会计账簿是指由一定格式的、相互联系的账页所组成的，以审核无误的会计凭证为依据，序时、分类、连续地记录各项经济业务的簿籍。设置和登记会计账簿是会计核算的专门方法，是编制会计报表的基础。

会计账簿按其用途不同，可分为序时账簿、分类账簿和备查账簿；按外表形式不同，可以分为订本式账簿、活页式账簿和卡片式账簿；按账页的格式不同，可以分为两栏式账簿、三栏式账簿、多栏式账簿、数量金额式账簿和横线登记式账簿。

会计人员要做好对账工作，它是保证会计账簿记录质量的重要程序。对账包括账证核对、账账核对、账实核对。在会计期末，会计人员应按规定进行结账。登记账簿是会计核算的一项专门方法，必须遵循账簿启用规则、账簿登记规则和错账更正规则进行。

思考题

1. 简述账簿的定义及设置账簿的意义。

2．简述账页、账户、账簿之间的关系。

3．账簿应如何进行分类？

4．简述账簿的基本内容和登记规则。

5．总分类账和明细分类账应如何设置和登记？

6．什么是对账和结账？对账包括哪些内容？如何结账？

7．如何查找错账？更正错账有哪几种方法？各自的适用范围和操作方法是什么？

第七章 财 产 清 查

学习目标

了解财产清查的一般程序和内容，掌握货币资金、实物、往来款清查方法，能运用财产清查结果进行账务处理。

第一节 财产清查概述

一、财产清查的意义

会计主体的各项经济业务经填制和审核会计凭证，登记到会计账簿中，在会计报表中列示，其会计账簿记录结果是否正确，是否能如实地反映各项财产物资的增减变动及结存情况，不仅关系到据此编制的会计报表是否真实可靠，而且也关系到单位的财产物资等的安全完整。因此，为保证账实相符，从而保证会计报表的质量，必须进行财产清查。

财产清查是通过对各项财产物资、往来款项的实地盘点和核对，确定其实际结存数与账面结存数是否相符的一种专门方法。财产清查对于加强企业管理、充分发挥会计监督作用具有重要的意义。

（一）提高会计信息的质量，确保会计资料的真实可靠

通过财产清查，可以确定各项财产物资的实存数，将实存数与账面结存数进行核对，确定各项财产的盘盈、盘亏，并及时调整账簿记录，做到账实相符，从而保证账簿记录的真实、可靠，提高会计信息质量。

（二）保证财产物资的安全、完整，健全各项财产物资保管制度

通过财产清查，可以查明各项财产物资的保管情况是否良好，制度是否规范，

有无损失浪费、霉烂变质、贪污盗窃、非法挪用等情况，以便从中吸取教训，采取措施堵塞漏洞，建立健全各项财产物资管理制度，保护各项财产物资的安全可靠。

(三) 挖掘财产物资的潜力，提高使用效率

通过财产清查，可以查明各项财产物资的储备、使用情况，合理调配、有效使用各项财产物资，积极处理超储、积压和呆滞财产物资，挖掘其潜力，提高其使用效能，加速资金周转。

(四) 保证结算制度的贯彻执行

在财产清查中，通过核对债权债务等往来结算账款，可以查明各项财经制度和结算纪律的遵守情况，促使经办人员自觉遵守财经制度和结算纪律，及时结清债权债务，避免发生坏账损失。

二、财产清查的分类

财产清查可以按不同的标准进行分类。

(一) 按清查范围分类

按清查范围不同，可分为全面清查和局部清查。

1. 全面清查

全面清查是指对企业全部财产物资进行盘点和核对。通过全面清查，可以对企业所拥有的各项财产物资进行全面清点、鉴定和估价，摸清家底，有利于加强经济核算、优化资金占用、挖掘物资潜力、提高经济效益。

全面清查范围广、内容多、时间长、参与人员众多、费用开支大。一般在以下情况进行全面清查：

(1) 年终决算之前；

(2) 单位撤销、合并、改变隶属关系或采取新的经营方式之前；

(3) 中外合资、国内联营前，以及企业股份制改制时；

(4) 开展全面的资产评估、清产核资时；

(5) 单位主要负责人调离工作时等。

2. 局部清查

局部清查是指根据需要对企业的部分财产物资进行清查。通过局部清查，可以做到对重要物资、货币资金进行重点管理，对流动性大的物资进行经常性管理，以确保企业财产物资的安全完整。局部清查与全面清查相比，其范围小、内容少、

时间短、参与人员少，但专业性较强。

局部清查的对象主要包括：

（1）库存现金，每日终了应由出纳人员自行清查核对，做到日清月结；

（2）银行存款，出纳人员每月应同银行对账，逐笔核对；

（3）对于收发频繁、流动性较强的财产物资，如原材料、在产品、产成品等，除全面清查外，还应根据需要，每月有计划地进行轮流清查或重点抽查；

（4）对于个别特殊、贵重的财产物资，应每月清查一次，以防损失或破坏；

（5）对于各种债权债务，每年应与有关单位核对至少一至两次。

（二）按清查时间分类

按清查时间划分，可分为定期清查和不定期清查。

1. 定期清查

定期清查是指根据管理制度的规定或预先计划安排的时间对财产物资所进行的清查。定期清查一般是在年末、季末或月末结账前进行，可以是全面清查，也可以是局部清查。

2. 不定期清查

不定期清查是指根据需要对财产物资进行的临时清查。不定期清查一般是局部清查，但也可以是全面清查。一般在以下情况下进行不定期清查：

（1）更换财产物资保管员和现金出纳员时；

（2）财产物资发生非常灾害或意外损失时；

（3）开展临时性清产核资时；

（4）上级主管单位、财政和税务部门等进行会计检查时；

（5）更换单位主要领导人时等。

三、财产清查的一般程序

财产清查是一项涉及面广、工作量大、复杂而又细致的工作。因此，企业的财产清查工作不仅是会计部门的一项重要工作，而且还涉及财产物资保管部门、生产部门、其他各职能部门以及个人的管理职责。为了保证财产清查的质量，达到财产清查的目的，各有关部门和人员应主动、积极配合，并按科学合理的程序组织进行。财产清查一般包括准备阶段、清查阶段和总结阶段。

（1）建立财产清查组织，制定财产清查计划；

（2）确定清查对象、范围，明确清查任务；

（3）清查前的准备工作，会计人员将凭证全部登记入账，物资保管人员将各项清查物资整理、排列整齐，做好清查前的准备工作；

(4) 实地清查，清查时本着先清查数量、核对有关账簿记录等，后认定质量的原则进行；

(5) 根据清查结果，填写盘点清单；

(6) 根据盘点清单填制实物、往来款项清查结果报告表。

第二节 财产清查的方法

一、财产物资盘存制度

财产清查的重要环节是盘点财产物资的实存数量。为确保盘点工作顺利进行，应建立财产物资的盘存制度。

盘存制度是指通过对实物资产的盘点、核对，确定财产物资的实际结存情况的一种制度。财产物资的盘存制度有两种，即永续盘存制和实地盘存制。

(一) 永续盘存制

永续盘存制也称账面盘存制，是指对各项财产物资的增减变动情况，都必须根据会计凭证在有关账簿中进行连续登记，并随时在账簿中结算出各项财产物资结存数的一种盘存制度。为了保证账实相符，需要定期进行实物盘点。

期末账面余额＝期初账面余额＋本期增加额－本期减少额

该种盘存制度的优点是可以通过账簿记录及时了解存货的动态，有利于加强存货管理；其缺点是增加了日常核算的工作量，难以发现实物资产的质量变化。我国《企业会计准则》规定：“除少数特殊存货外，企业应采用永续盘存制对存货进行核算”。

(二) 实地盘存制

实地盘存制，是指对各种财产物资平时只在相关账簿中登记增加数，不登记减少数，在月末或一定时期期末通过对财产物资的实地盘点确定其实际的结存数量，依据“本期减少数＝期初账面余额＋本期增加额－期末实际结存数”的原理，倒推本期减少数，即“以存计耗”或“以存计销”，并据此登记有关账簿的一种盘存制度。

该种盘存制度由于平时不需要计算、记录财产物资的减少数和结存数，可以简化日常核算工作量，财产物资的收发手续也比较简单。但是正因为平时不记录减少和结存情况，不能随时反映存货的动态，加大了期末会计核算的工作量；并且采用倒推法确定基本减少数，掩盖了财产物资管理中的不正常损失，不利于管理。因此，该盘存制度适用于价值较低、进出频繁的存货，或数量不稳定的鲜活商品等，其他存货则较少采用。

二、财产清查的基本方法

财产清查方法通常包括实地盘点法、技术推算法、函证法等。

（一）实地盘点法

实地盘点法是指通过财产物资现场点数、过磅、度量等方法，逐一确定其实有数额的财产物资清查方法。该方法适用范围广，大多数的财产物资及库存现金均可适用。

（二）技术推算法

技术推算法是指对财产物资采用量方、计尺等技术手段来推算其实有数量的财产清查方法。该方法适用于散装的、大量成堆、价廉、笨重且难以逐一清点的财产物资，如煤、盐、沙、石等。可以先通过量尺、称重等方法确定其总体积或总重量，然后根据单位体积或重量的个（件）数，推算总的个（件）数。

（三）函证法

函证法是通过信函的方式，取得有关单位或个人函件来证明经济业务的实际情况，以查明财产物资的实有数额。该方法适用于债权债务、委托加工物资、出租出借的财产物资等的清查。

三、货币资金的清查

（一）库存现金的清查

库存现金是存放在企业财务部门、由出纳人员保管的货币。它是企业流动性最强的资产，不仅要进行定期清查，还要进行不定期清查。库存现金的清查采用实地盘点的方法来进行，由清查人员会同现金出纳人员共同负责。库存现金的清查可分为以下两种情况。

1. 出纳员自查

现金出纳员每日清点库存现金实有数额，并及时与库存现金日记账的余额相核对，做到日清月结。这种清查实际上是现金出纳员的分内职责。

2. 专门人员清查

由专门清查人员进行的清查工作中，为了明确经济责任，出纳人员必须在场。清查人员要认真审核收付凭证和账簿记录，检查经济业务的合理和合法性。清查是否有"白条"抵库存现金、有无超过库存现金限额，有无未经批准而支出现金等违反现金管理制度规定的行为。

库存现金盘点结束后，应根据盘点的结果，填制"库存现金盘点报告单"（表7.1），并由清查人员和出纳人员共同签章。该报告单是重要的原始凭证，既有实物财产清查"盘存单"的作用，又有"实存账存对比表"的作用。

表 7.1　库存现金盘点报告单

单位名称：　　　　　　　　　　年　月　日

币别	实存金额	账存金额	实存与账存对比		备注
			盘盈	盘亏	

盘点人（签章）：　　　　　　　　　　　　出纳员（签章）：

（二）银行存款的清查

银行存款是企业存放于银行的货币资金。银行存款的清查是将企业的银行存款日记账与开户银行转来的对账单进行核对，以查明账实是否相符。

银行对账工作一般在月末进行，由会计人员将银行存款的账面余额与开户银行转来的对账单余额核对。核对前，出纳员应详细检查本单位银行存款日记账的正确性和完整性。核对时，要逐笔进行，不仅要核对金额、日期，还要注意核对凭证的编号。核对的结果可能会出现银行存款日记账的余额与银行对账单余额不一致。造成对账结果不相符的原因主要有以下两个方面：

1. 记账差错

双方记账出现了差错，如错记、漏记、重记或串户等，属于银行对账单的差错，由银行检查更正，属于企业的差错，由企业及时更正。

2. 存在未达账项

所谓未达账项，是指企业和银行双方在凭证传递的过程中，由于凭证接收时间不同，造成记账时间不一致，从而发生一方已经入账，另一方尚未登记入账的事项。未达账项具体包括四种情况：

(1) 企业已收，银行未收。即企业已收款入账，而银行尚未收到的款项，如企业送存银行的托收票据。

(2) 企业已付,银行未付。即企业已付款入账,而银行尚未支付的款项,如企业已开出的支票,收款人尚未到银行提款或办理转账。

(3) 银行已收,企业未收。即银行已收款入账,而企业尚未收到的款项,如银行存款的利息。

(4) 银行已付,企业未付。即银行已付款入账,而企业尚未支付的款项,如企业委托银行代付的款项,银行已经付款入账,而企业尚未收到银行通知,还未入账。

对于未达账项,通过编制"银行存款余额调节表"进行调整。"银行存款余额调节表"的编制原理是:在企业和银行双方都无未达账项的条件下,如果双方的记账均无错误,两者的存款余额是相等的,否则就说明企业或银行的记账有误。

【例 7-1】 A 公司 2013 年 1 月 31 日,银行存款日记账的余额为 345 000 元,银行送来的对账单余额为 134 500 元,经逐笔核对,发现有下列未达账项:

(1) 企业委托银行收取外地销货款 97 000 元,银行已经收到入账,而企业尚未接到收款通知,因而企业未入账;

(2) 银行代企业支付燃气费 52 000 元,但企业尚未收到付款通知,尚未入账;

(3) 企业月末收到购货方转账支票一张,金额 261 500 元,已记银行存款增加;

(4) 企业月末开出现金支票一张,金额 6 000 元,持票人尚未到银行提取款项。

根据上述资料,编制"银行存款余额调节表",如表 7.2 所示。

表 7.2 银行存款余额调节表

单位名称:A 公司 2013 年 1 月 31 日　　　　单位:元

项　　目	金额	项　　目	金额
企业银行存款日记账余额	345 000	银行对账单余额	134 500
加:银行已收,企业未收	97 000	加:企业已收,银行未收	261 500
减:银行已付,企业未付	52 000	减:企业已付,银行未付	6 000
调整后的余额	390 000	调整后的余额	390 000

值得注意的是"银行存款余额调节表"不是原始凭证,不能作为企业进行账务处理的依据,通常将其作为清查资料与银行对账单一并附在当月银行存款日记账后保存,企业只有收到有关凭证以后才能进行账务处理。

上述银行存款清查的方法,也适用于银行借款的清查。

四、实物财产的清查

实务财产是指具有实物形态的各种财产,包括固定资产、原材料、在产品、库存商品、低值易耗品、包装物、委托加工材料等。企业应当定期或者至少每年实地盘点一次，并且应从数量和质量两个方面进行清查，以核定其实际价值。不同的实物资产清查对象应选择不同的清查方法。

（一）存货的清查

存货的清查是指对企业各种原材料、燃料、包装物、低值易耗品、在产品、库存商品等进行的清查。由于存货种类繁多，收发频繁，在日常收发过程中可能发生计量错误、计算错误、自然损耗、损坏变质以及贪污、盗窃等，造成账实不符。因此，存货的清查是企业实物财产清查的重点。存货的清查方法可以采用实地盘点法和技术推算法等。

（1）清查前应由存货保管人员将存货摆放整齐，账簿登记完整，结出结存数。

（2）清查时应由清查人员与存货保管人员共同进行，逐一点数、计件、称重、量尺或抽检，确定其实有数量，同时检查其质量情况。

（3）清查过程中，如实将盘点的结果登记在“盘存单”（表 7.3）上，并由盘点人员和保管人员共同签章。“盘存单”既是记录各种存货实物数量盘点结果的书面证明，也是反映存货实有数量的原始凭证。

表 7.3　盘存单

单位名称：

财产类别：　　　　　　　　存放地点：　　　　　　　　年　月　日

编号	名称	规格或型号	计量单位	实存数量	单价	金额	备注

盘点人（签章）：　　　　　　　　实物保管人（签章）：

（4）盘点结束后，由清查人员根据“盘存单”和相应的存货明细账的记录情况进行核对，编制“实存账存对比表”（表 7.4）。“实存账存对比表”是一个重要的原始凭证，它不仅是调整账簿记录的原始依据，也是分析账存数与实存数发生差异的原因，明确经济责任的重要凭证。

表 7.4　实存账存对比表

单位名称：　　　　　　　　年　月　日

编号	类别及名称	规格及型号	计量单位	单价	实存		账存		盘盈		盘亏	
					数量	金额	数量	金额	数量	金额	数量	金额

盘点人（签章）：　　　　实物保管人（签章）：　　　　会计（签章）：

（二）固定资产的清查

固定资产在使用过程中，由于客观或人为的原因，会出现账实不符，为保证企业固定资产的安全完整，应定期或不定期地对固定资产进行清查。固定资产的清查一般采用实地盘点法。

在清查前，会计人员和固定资产的管理人员应将各自负责的有关固定资产的账簿记录核对准确。固定资产清查过程中，不仅要核实固定资产的实有数量，而且还要查明固定资产的使用、保管和维护保养等方面的情况，以保证固定资产核算的正确性，使用的效率性和安全性。固定资产清查过程中发现的盘盈或盘亏，应编制“固定资产盘盈、盘亏报告单”（表 7.5），详细记录盘盈、盘亏固定资产的编号、名称、原价或重置价值、累计折旧、估计已提折旧、净值以及盘盈盘亏原因等资料，作为调整账面记录和处理的原始依据。

表 7.5　固定资产盘盈、盘亏报告单

部门：　　　　　　　　　　　　年　月　日

<table>
<tr><th rowspan="2">编号</th><th rowspan="2">名称</th><th rowspan="2">规格及型号</th><th colspan="3">盘盈</th><th colspan="3">盘亏</th><th colspan="3">毁损</th><th rowspan="2">原因</th></tr>
<tr><th>数量</th><th>重置价值</th><th>累计折旧</th><th>数量</th><th>原价</th><th>已提折旧</th><th>数量</th><th>原价</th><th>已提折旧</th></tr>
<tr><td></td><td></td><td></td><td></td><td></td><td></td><td></td><td></td><td></td><td></td><td></td><td></td><td></td></tr>
<tr><td colspan="3" rowspan="2">处理意见</td><td colspan="3">审批部门</td><td colspan="3">清查小组</td><td colspan="3">使用保管部门</td><td rowspan="2"></td></tr>
<tr><td colspan="3"></td><td colspan="3"></td><td colspan="3"></td></tr>
</table>

盘点人(签章)：　　　　　　　　　　实物保管人(签章)：

五、往来款项的清查

往来款项的清查是指对各项应收、应付、预收、预付、其他应收和其他应付款项的清查。企业应当定期或者至少每年对往来款项进行全面清查一次。各种往来款项的清查，一般采用函证法与对方单位核对账目来进行的。

清查时，在检查本单位各项结算款项正确完整的基础上，编制一式两联的“往来款项对账单”（图 7.1），一联留存，另一联寄发或送交对方单位进行核对。

往来款项对账单

××××单位：

截至20××年11月30日，你单位购入我单位××产品10 000件，已付货款20 000元，尚有100 000元货款未付，请核对后将回联单寄回。

清查单位（盖章）

20××年12月15日

沿此虚线裁开，将以下回联单寄回！

……………………………………………………………………………………

往来款项对账单（回联）

××××清查单位：

你单位寄来的“往来款项对账单”已经收到，经核对相符无误。

××××单位（盖章）

20××年12月20日

图7.1 往来款项对账单

对方单位收到“往来款项对账单”后，经核对相符，在对账单上签章后退回；如不符，在对账单上注明不符原因及金额后退回，以便进一步核对。收到对方回单后，企业应填制“往来款项清查报告单”。如表7.6所示。

表7.6 往来款项清查报告单

单位名称： 年 月 日

账户名称	对方单位	清查结果			不符的原因				
		金额	相符	不符	未达账项	拖欠款项	争议款项	无法收回	其他

清查人（签章）： 记账人（签章）：

“往来款项清查报告单”不能作为调整往来款项账面记录的原始依据。在清查过程中，如发现未达账项，双方均应比照“银行存款余额调节表”的方法，核对往来款项是否正确。

第三节 财产清查账务处理

财产清查的结果：① 实存数大于账存数，即盘盈；② 实存数小于账存数，即盘亏；③ 实存数等于账存数，即账实相符。财产清查结果的处理，一般是指对账实不符，即盘盈、盘亏的处理，包括财产毁损情况的处理。

一、财产清查账务处理的程序

企业对财产清查的结果，应按照国家有关会计准则、制度的规定进行认真处理。财产清查过程中发现的盘盈、盘亏以及毁损等问题，首先要核准金额、查明原因，然后按规定的程序报经上级部门批准后，才能进行会计处理。

（一）认真核准金额，查明原因

在对财产清查结果进行具体处理之前，要对有关原始凭证中所记录的盈亏或毁损数据作全面的核实，并对各项差异的性质及其原因进行分析，以便针对不同原因所造成的盈亏或毁损，确定处理方法，提出处理意见，报送有关领导和部门批准。

（二）根据清查报告单调整账簿记录，做到账实相符

在核准金额、查明原因的基础上，为了做到账实相符，保证会计信息真实准确，对财产清查中发现的盘盈、盘亏或毁损，及时进行批准前的会计处理，即根据有关原始凭证编制记账凭证，并据以登记调整账簿记录。

（三）清查报告经批准后进行账务处理

在有关领导和部门对所呈报的财产清查结果意见做出批示后，企业要按照批复意见编制有关的记账凭证，登记有关账簿，及时进行批准后的账务处理。

二、财产清查结果的账务处理

为了反映和监督财产清查过程中的各种财产物资的盘盈、盘亏和毁损及处理情况，企业设置“待处理财产损溢”账户。该账户属于资产类，下设“待处理流动资产损溢”和“待处理固定资产损溢”两个明细账户，从性质和结构看，具有双重性质，其结构如表 7.7 所示。

表 7.7　待处理财产损溢

借方　　　　　　　　待处理财产损溢　　　　　　　　贷方

财产物资的盘亏、毁损数 盘盈的转销数	财产物资的盘盈数 盘亏、毁损的转销数
尚未处理的各项财产物资的净损失	尚未处理的各项财产物资的净溢余

★注：期末处理后该账户应无余额。

（一）库存现金清查结果的账务处理

在库存现金清查中，发现库存现金短缺或溢余时，除了设法查明原因外，还应及时根据“库存现金盘点报告单”进行账务处理。

【例 7-2】 B企业进行库存现金清查中发现长款900元。经反复检查，发现应付张三的报销款400元未付，其余未查明原因，经批准作为营业外收入处理。

（1）批准前

借：库存现金 900

贷：待处理财产损溢——待处理流动资产损溢 900

（2）批准后

借：待处理财产损溢——待处理流动资产损溢 900

贷：其他应付款——张三 400

营业外收入 500

【例 7-3】 D企业进行库存现金清查中发现短款800元。经核查发现，有300元为出纳员小王保管不善造成的，保险公司赔偿200元，小王个人承担300元，其余300元未查明原因，经批准核销。

（1）批准前

借：待处理财产损溢——待处理流动资产损溢 800

贷：库存现金 800

（2）批准后

借：其他应收款——保险公司 200

——小王 300

管理费用 300

贷：待处理财产损溢——待处理流动资产损溢 800

（二）存货清查结果的账务处理

企业盘盈、盘亏或毁损的存货，在报经有关部门批准前，先通过“待处理财产损溢——待处理流动资产损溢”账户进行处理。报经批准后，根据损溢发生的原因和性质及有关部门的批示处理。转销存货盘盈时，借记“待处理财产损溢”账户，贷记“管理费用”等账户；转销存货盘亏、损毁时，应先扣除残料价值及可回收的保险赔偿款、过失人赔偿款。借记“原材料”、“其他应收款”等账户，贷记“待处理财产损溢”账户。剩余净损失，属于非常损失部分，借记“营业外支出”账户，贷记“待处理财产损溢”账户；属于其他经营性质损失部分，借记“管路费用”账户，贷记“待处理财产损溢”账户。

【例 7-4】 E企业在财产清查中发现多出A产品20件，该产品单价为50元，清查情况已报有关部门批准。

(1) 批准前

借:库存商品——A产品　　1 000

　　贷:待处理财产损溢——待处理流动资产损溢　　1 000

(2) 批准后

借:待处理财产损溢——待处理流动资产损溢　　1 000

　　贷:管理费用　　1 000

【例 7-5】 F企业在财产清查中发现盘亏A材料50千克，每千克账面价值100元，增值税税率17%。经查明，该批材料10千克系自然损耗，40千克为自然灾害造成的损失，保险公司拟赔偿人民币2 400元，保管人员的责任损失人民币2 000元。

(1) 批准前

借:待处理财产损溢——待处理流动资产损溢　　5 850

　　贷:原材料——A材料　　5 000

　　　　应交税费——应交增值税(进项税额转出)　　850

(2) 批准后

借:其他应收款——保险公司　　2 400

　　　　　　　——保管人员　　2 000

　　管理费用　　585

　　营业外支出　　865

　　贷:待处理财产损溢——待处理流动资产损溢　　5 850

(三) 固定资产清查结果的账务处理

企业在固定资产清查过程中盘亏的固定资产，在报经有关部门批准前，先将盘亏固定资产的净值转入"待处理财产损溢——待处理固定资产损溢"账户。批准后，盘亏的固定资产转入"营业外支出"。

盘盈的固定资产的会计处理在后续的"财务会计"课程的相关章节给予介绍。

(四) 往来款项清查结果的账务处理

企业在财产清查过程中，发现确实无法收回的应收款项和确实无法支付的应付款项，应按照规定程序报经批准后，不通过"待处理财产损溢"账户。

无法收回的应收账款，即坏账，若企业提取坏账准备，应冲减已提取的坏账准备，若没有提取坏账准备，则直接记入"资产减值损失"账户。

【例 7-6】 G企业财产清查，发现有一笔款项65 000元，债务人已经破产，无法收回，经批准作为坏账处理（该企业已计提坏账准备）。

借：坏账准备 65 000

  贷：应收账款 65 000

【例 7-7】 H企业财产清查中，发现创实公司账款8 000元长期未付，经查实对方单位已经破产，经批准予以转销。

借：应付账款——创实公司 8 000

  贷：营业外收入 8 000

本章小结

财产清查是通过对各项财产物资、往来款项的实地盘点和核对，确定其实际结存数与账面结存数是否相符的一种专门方法。财产清查的主要内容包括：货币资产、实物财产和往来账项。财产清查方法通常包括实地盘点法、技术推算法、函证法。对财产清查的结果，按照《企业会计准则》和《企业会计》的规定，对财产清查过程中发现的盘盈、盘亏以及毁损等问题，首先要核准金额、查明原因，然后按规定的程序报经上级部门批准后，才能进行会计处理。

思考题

1. 什么是财产清查？财产清查的意义是什么？
2. 简述财产清查的种类及适用范围？
3. 什么是未达账项？未达账项有哪几种？
4. 简述“待处理财产损溢”账户的用途和结构特点？

第八章　账务处理程序

学习目标

了解账务处理程序的意义和种类，熟悉各种账务处理程序的特点、适用范围及异同，掌握记账凭证账务处理程序、科目汇总表账务处理程序并熟练运用。

第一节　账务处理程序概述

一、账务处理程序的意义

账务处理程序，又称会计核算形式或会计核算组织程序，是指会计核算中，会计凭证、会计账簿、记账程序和方法相互结合进行账务处理的过程和方式。记账程序是指从填制、整理、传递会计凭证，到登记账簿、编制会计报表整个过程的工作步骤和方法。

会计报表为报表使用者提供用以进行管理和决策所需的会计信息，管理和决策的要求决定会计报表的种类、项目、格式及编报日期等；会计账簿既是日常经济活动管理的详细档案资料，又是编制会计报表的直接依据，经营管理和编制会计报表的要求，决定了会计账簿的种类、格式及其应记录的内容；会计凭证既是记录经济业务的证据，又是登记账簿的根据，登记账簿的要求决定会计凭证的种类、格式和记录的内容。

将会计报表、会计账簿和会计凭证三者有机地组织起来，形成恰当的账务处理程序，是会计核算工作的重要内容。第一，可以使会计数据的处理过程有条不紊地进行，确保会计记录正确、完整，会计信息相关、可靠；第二，可以减少不必要的会计核算环节和手续，节约人力、物力和财力，提高会计工作效率；第三，对会计核算工作的分工协作、责任划分，充分发挥会计工作的监督职能；第四，建立合理适用的账务处理程序，对于保证会计核算的工作质量，提高会计核算工作效率，做好会计工作有着十分重要的意义。

二、账务处理程序的要求

在会计核算工作中，会计凭证、账簿和报表彼此之间按一定形式相互联系，就形成了不同的账务处理程序。提高会计核算工作效率，做好会计工作，有着十分重要的意义。企业科学地组织会计核算工作，合理选择账务处理程序，应做到：第一，适合本单位生产经营特点，并与企业生产与经营管理规模、交易或事项的繁简程度相适应；第二，适应会计资料使用者的要求，正确、及时、完整地提供本单位的各种财务会计信息；第三，适应提高会计核算工作质量和效率的要求，力求简化核算手续，使记账工作量减少到最低限度。

三、账务处理程序的种类

在我国，常用的账务处理程序主要有记账凭证账务处理程序、科目汇总表账务处理程序和汇总记账凭证账务处理程序三种。各种账务处理程序的主要区别是登记总账的依据或方法不同。企业可以结合自身生产规模、经营管理特点，根据财务会计核算、提供会计信息的要求采用适当的账务处理程序。

第二节 记账凭证账务处理程序

一、记账凭证账务处理程序的特点

记账凭证账务处理程序是根据记账凭证直接登记总账的会计核算程序，它是账务处理程序中最基本的账务处理程序。在记账凭证账务处理程序下，账簿可采用三栏式现金日记账、银行存款日记账和三栏式总分类账。明细分类账格式根据实际需要可采用三栏式、多栏式、数量金额式。记账凭证可采用收款凭证、付款凭证和转账凭证等专用记账凭证，也可采用通用记账凭证。

二、记账凭证账务处理程序的核算步骤

记账凭证账务处理程序的基本步骤包括：

（1）根据原始凭证或原始凭证汇总表编制收款凭证、付款凭证和转账凭证；

（2）根据收款凭证、付款凭证逐笔登记现金日记账和银行存款日记账；

（3）根据原始凭证或原始凭证汇总表和记账凭证逐笔登记明细账；

（4）根据记账凭证逐笔登记总分类账；

（5）月终，将总分类账与现金日记账、银行存款日记账核对相符，总账与各种明细账核对相符；

（6）月终，根据总分类账和有关明细分类账资料编制会计报表。

记账凭证账务处理程序如图 8.1 所示。

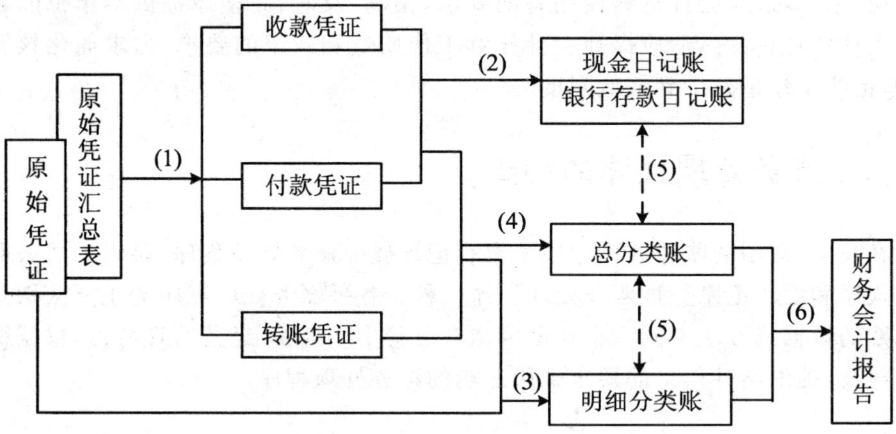

图 8.1　记账凭证账务处理程序图

三、记账凭证账务处理程序的优缺点和适用范围

记账凭证账务处理程序与其他账务处理程序的区别是根据记账凭证登记总账，优点是：简单易懂，便于掌握，总分类账可详细记录和反映经济业务状况，对经济业务发生较少的科目，总账可代替明细账；缺点是：登记总账工作量较大，也不便于会计分工。因此，这种程序适用于规模小、业务量少、记账凭证不多的企事业单位。

第三节 科目汇总表账务处理程序

一、科目汇总表账务处理程序的特点

科目汇总表账务处理程序是根据记账凭证定期编制科目汇总表，根据科目汇总表登记总账的会计核算程序。

按科目汇总表账务处理程序，除了设置收款凭证、付款凭证和转账凭证外，还需设置科目汇总表，其他各种账簿的设置与格式同记账凭证账务处理程序基本相同。

企业根据记账凭证定期(5～10 天)编制科目汇总表，将同类科目的借方金额相加，计算出每一会计科目的本期借方发生额，并填入科目汇总表相应借方栏内；将同类科目的贷方金额相加，计算出每一会计科目的本期贷方发生额，并填入科目汇总表相应贷方栏内；然后计算出所有科目的借方发生额合计和贷方发生额合计，并进行试算平衡。经过试算平衡正确无误，即可据以登记总账。科目汇总表格式见表 8.1 所示。

表 8.1 科目汇总表

2013 年 7 月 11 日至 20 日 单位：元

账户名称	总账页数	本期发生额		记账凭证起始号数
		借	贷	
原材料		19 500	13 500	
银行存款		4 800	49 500	
库存现金		30 000	30 360	
固定资产		60 000		
生产成本		12 000		
应收账款		120 000		
应付账款		4 500	4 800	
应付职工薪酬		30 000	4 500	
实收资本				

续表

账户名称	总账页数	本期发生额		记账凭证起始号数
		借	贷	
主营业务收入			60 000	
管理费用		1 860	120 000	
合　　计		282 660	282 660	

二、科目汇总表账务处理程序的核算步骤

科目汇总表账务处理程序的基本步骤包括：

（1）根据原始凭证或原始凭证汇总表编制收款凭证、付款凭证和转账凭证；

（2）根据收款凭证和付款凭证逐日逐笔登记现金日记账和银行存款日记账；

（3）根据原始凭证或原始凭证汇总表和记账凭证逐笔登记明细账；

（4）根据记账凭证定期编制科目汇总表；

（5）根据科目汇总表登记总账；

（6）月终，将总账与现金日记账、银行存款日记账核对相符，将总账与各种明细账核对相符；

（7）月终，根据总账和有关明细账的资料编制会计报表。

科目汇总表账务处理程序如图 8.2 所示。

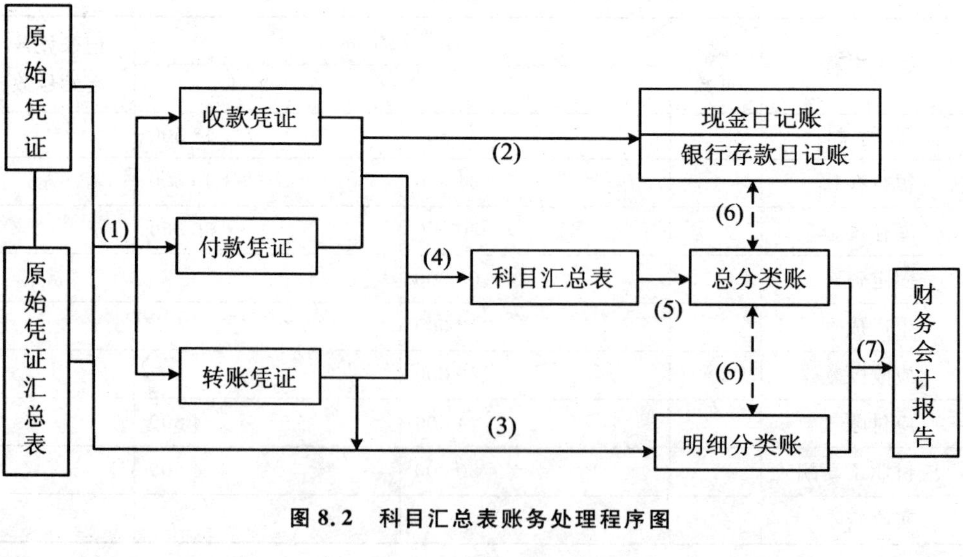

图 8.2　科目汇总表账务处理程序图

三、科目汇总表账务处理程序的优缺点和适用范围

科目汇总表账务处理程序是根据科目汇总表登记总账，其优点是：能够减少登记总账的工作，科目汇总也比较简单，而且科目汇总表还起着试算平衡的作用。缺点是：科目汇总表不能反映各个科目的对应关系及经济业务的来龙去脉，不便于分析、检查经济活动情况，不便于查对账目。科目汇总表账务处理程序一般适用于业务量较大、记账凭证较多的企事业单位。

第四节　汇总记账凭证账务处理程序

一、汇总记账凭证账务处理程序的特点

汇总记账凭证账务处理程序是根据记账凭证定期编制汇总记账凭证，根据汇总记账凭证登记总分类账的账务处理程序。在汇总记账凭证账务处理程序下，除了设置收款凭证、付款凭证和转账凭证外，还应分别设置汇总收款凭证、汇总付款凭证和汇总转账凭证，会计账簿的设置与格式同记账凭证账务处理程序基本一致。

汇总收款凭证是根据现金、银行存款的收款凭证，分别按现金、银行存款科目的借方设置，并按相对应的贷方科目归类汇总。月终，计算出汇总收款凭证的合计数，据以分别记入总账现金、银行存款账户的借方，以及各对应账户的贷方。

汇总付款凭证是根据现金、银行存款的付款凭证，分别按现金、银行存款科目的贷方设置，并按相对应的借方科目归类汇总。月终，计算出汇总付款凭证的合计数，据以分别记入总账现金、银行存款账户的贷方，以及各对应账户的借方。

汇总转账凭证是根据汇总期内全部转账凭证，分别按每一科目的贷方设置，按相对应的借方科目归类汇总。月终，计算出汇总转账凭证的合计数，据以分别记入总账应贷账户的贷方，以及各对应账户的借方。为了便于编制汇总转账凭证，平时填制转账凭证，应编制一借一贷的会计分录。在汇总期内，如果某一贷方科目的转账凭证较少，也可以不编制汇总转账凭证，而直接根据转账凭证登记总账。汇总记账凭证格式如表 8.2、表 8.3 和 8.4 所示。

表 8.2 汇总收款凭证

借方科目：　　　　2013 年 7 月　　　　编号：

贷方科目	金额				总账页数	
	1～10 日	11～20 日	21～31 日	合计	借方	贷方

会计主管：　　记账：　　审核：　　填制：

表 8.3 汇总付款凭证

贷方科目：　　　　2013 年 7 月　　　　编号：

借方科目	金额				总账页数	
	1～10 日	11～20 日	21～31 日	合计	借方	贷方

会计主管：　　记账：　　审核：　　填制：

表 8.4 汇总转账凭证

贷方科目：　　　　2013 年 7 月　　　　编号：

借方科目	金额				总账页数	
	1～10 日	11～20 日	21～31 日	合计	借方	贷方

会计主管：　　记账：　　审核：　　填制：

二、汇总记账凭证账务处理程序的核算步骤

汇总记账凭证账务处理程序的基本步骤包括：

(1) 根据原始凭证或原始凭证汇总表编制收款凭证、付款凭证和转账凭证；

(2) 根据收款凭证和付款凭证逐日逐笔登记现金日记账和银行存款日记账；

(3) 根据原始凭证或原始凭证汇总表和收款凭证、付款凭证、转账凭证逐笔登记明细账；

(4) 根据收款凭证、付款凭证和转账凭证定期分别编制汇总收款凭证、汇总付款凭证和汇总转账凭证；

(5) 根据汇总收款凭证、汇总付款凭证和汇总转账凭证登记总账；

(6) 月终，将总账与现金日记账、银行存款日记账核对相符，总账与各种明细账核对相符；

(7) 月终，根据总账和有关明细账资料编制会计报表。

汇总记账凭证账务处理程序，如图 8.3 所示。

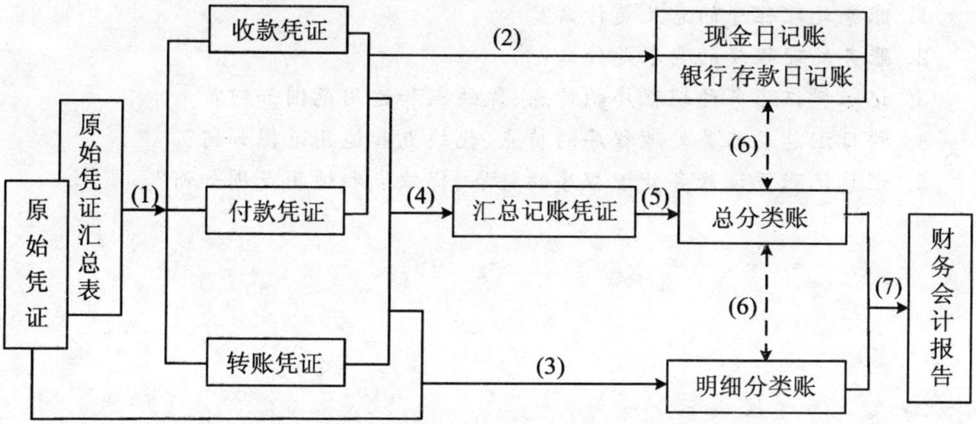

图 8.3　汇总记账凭证账务处理程序图

三、汇总记账凭证账务处理程序的优缺点和适用范围

汇总记账凭证账务处理程序与其他账务处理程序的区别，主要是根据记账凭证编制汇总记账凭证，并以此作为登记总分类账的依据。其优点是：能够减轻登记总账的工作量，能明确反映账户之间对应关系，且既易于及时掌握资金运动状况，又简便了记账凭证的整理归类；缺点是：汇总记账凭证总是按有关账户的借方或贷方而不是按经济业务性质归类汇总的，不利于会计核算分工，而且编制汇总记账凭证的工作量也较大。这种账务处理程序适用于生产规模较大、交易和事项较多的企事业单位。

本章小结

本章主要阐述了当前企事业单位常用的三种账务处理程序，即记账凭证账务处理程序、科目汇总表账务处理程序和汇总记账凭证账务处理程序，它要求企事业单位根据自身经济管理的需要，设计和选择适合自己的账务处理程序、方法和步骤。在会计实际工作中，这三种账务处理程序的主要区别在于登记总账的依据不同，每种账务处理程序有其各自的优点、缺点和适用范围，企事业单位应根据自身的实际情况和会计核算的实际需要加以选择。

思考题

1. 账务处理程序的意义是什么？
2. 账务处理程序的要求是什么？
3. 记账凭证账务处理程序的特点、优缺点和适用范围如何？
4. 科目汇总表账务处理程序的特点、优缺点和适用范围如何？
5. 汇总记账凭证账务处理程序的特点、优缺点和适用范围如何？

第九章　财务会计报告

学习目标

了解资产负债表和利润表的概念、结构和编制基础，掌握资产负债表和利润表的编制方法。

第一节　财务会计报告概述

一、财务会计报告的概念

财务会计报告，又称财务报告，是指单位根据经过审核的会计账簿记录和有关资料编制并对外提供的反映单位某一特定日期财务状况和某一会计期间经营成果、现金流量等会计信息的书面文件。企业的财务会计报告是企业会计核算的最终成果，是企业对外提供财务会计信息的主要形式。

在会计核算中，会计主体通过设置、登记会计账簿，能够全面、连续、系统地反映经济业务及其结果。但因会计账簿资料分散于各个会计账户，不能清晰地反映经济指标间的内在联系，也不便于提供给其他职能部门和外单位使用。因此，财会人员应通过编制财务会计报告，提供反映会计主体财务状况、经营成果和现金流量的总括的会计资料。

二、财务会计报告的作用

企业及时、准确编制和使用财务报告，对于提高企业经营管理水平，满足会计信息使用者的需要，具有重要作用。财务报告的作用具体表现在以下四个方面：

(1) 财务报告为企业管理层了解企业财务状况、经营成果等方面情况提供信息。通过财务报告，可以分析企业资产分布和利用情况、权益的结构、成本费用变动以及盈利水平、偿债能力，分析检查各项计划执行情况，及时发现经营中的问题，改善管理水平，增强经营能力。

（2）财务报告为企业投资者、债权人了解企业经营状态提供信息。通过财务报告，投资者、债权人能够了解企业财务状况和经营成果信息，分析企业的经营业绩、获利能力、偿债能力等，取得投资与信贷的决策信息。

（3）财务报告为工商、税务、银行、审计等部门加强对企业的指导和监督提供信息。通过财务报告，有关行政管理部门可以检查监督企业的资金运用情况，遵守财经制度和结算、信贷、税收纪律情况，引导、控制落后企业，扶持、壮大优势企业，保证经济的可持续发展。

（4）财务报告为企业上级主管部门和各级政府宏观管理提供信息。通过财务报告，了解各企业、各部门、各地区的经济发展情况和趋势，为宏观经济调控和预测、决策提供依据。

三、财务会计报告的组成

财务会计报告主要包括会计报表、报表附注和其他需要披露的资料组成。会计报表是财务报告的主要构成部分。

（一）会计报表

会计报表是财务会计报告的主干部分，是以账簿资料为依据，以货币为计量单位，总括地反映单位的财务状况、经营成果和现金流量的表格式的报告文件。主要包括资产负债表、利润表和现金流量表。

（二）会计报表附注

会计报表附注是对会计报表不能充分表达的内容和项目，以另一种形式（如脚注说明、括号旁注说明等文字形式）所作的补充说明和详细解释，如说明会计报表的编制基础、编制依据、编制原则和方法等。

（三）财务情况说明书

财务情况说明书是对会计报表作分析、说明、解释、评价的书面报告文件。如企业生产经营的基本情况、资金增减情况等。

四、财务会计报表的分类

不同性质的会计主体，由于会计核算的目的和经济管理的要求不同，因而会计报表的种类也不尽相同。就企业而言,会计报表可做以下分类。

(一) 按经济内容分类

按其反映经济内容的不同,可分为财务状况报表、财务成果报表、成本费用报表。反映财务状况报表如资产负债表、现金流量表;反映财务成果报表如利润表、利润分配表;反映成本费用报表如管理费用表、制造费用表等。

(二) 按报送对象分类

按报送对象的不同,分为对外报表和对内报表。

对外报表是企业必须定期编制、定期向上级部门、银行、财税部门等报送或按规定向社会公布的会计报表,如资产负债表、利润表、现金流量表、利润分配表等。对外报表有统一的格式和报送周期,企业在经营管理中同样需要对外报表提供的会计信息。对内报表是满足企业内部经营管理的需要,供其内部管理人员使用的会计报表,主要是一些成本、费用报表。对内报表没有统一格式,根据需要自行设计编报。

(三) 按编制与报送的时间不同分类

按报送时间的不同,财务报表可以分为中期报表和年度报表。中期报表是以短于一个完整会计年度的报告期间为基础编制的会计报表,包括月度报表、季度报表和半年报表。月度报表和年度报表是按照时间分类的主要报表。与年度财务报表相比,中期财务报表的附注披录可适当简略。

(四) 按编制的会计主体不同分类

按编制主体的不同,分为个别会计报表和合并会计报表。

个别会计报表,是指单一会计主体在自身会计核算基础上,对账簿记录进行加工而编制的,独立反映本身财务状况、经营成果的会计报表。

合并会计报表,是指以母公司和子公司组成的企业集团为一个会计主体,在各自个别会计报表基础上,由母公司编制的反映企业集团财务状况和经营成果的财务报表。

(五) 按反映的资金运动分类

按其反映的资金运动状况的不同,分为静态报表和动态报表。

静态报表是反映企业某一特定日期财务状况的报表。静态报表反映企业某一时点的财务状况,如资产负债表。

动态报表是企业某一特定时期经营成果或财务状况变动的报表。动态报表反映企业一段时间内经营成果或财务指标的变动，如利润表、现金流量表。

五、财务会计报告的编报要求

会计报表是传递会计信息的主要手段，是企业外部各方面了解、掌握企业情况的主要形式。为了保证会计报表及时、准确地提供给使用者，满足会计报表使用者的需要，企业在编制会计报表时，应遵循以下要求。

（一）数字真实

会计报表的编制依据是真实完整、准确无误的账簿记录。报表的数据不能估计，更不能弄虚作假，篡改、伪造数字。在会计报表编制前，需要核对凭证与账簿记录，保证账证、账账相符，必要时进行财产清查，保证账实相符，发现问题及时处理。按期结账，不能提前或延后。

（二）内容完整

企业要按照规定的报表格式和内容填制会计报表，不能漏编、漏报报表内容和项目。企业经营活动所有情况，在报表中要进行全面反映。报表中需要说明的项目，应当另附文字解释，便于报表使用者的理解和运用。

（三）计算准确

会计报表中的各个项目金额，少数数据直接来自账簿记录，多数数据是对账簿信息进行分析计算后填写的。并且报表项目之间以及各个报表之间的指标，还存在一定的对应关系，因此需要采用正确的计算方法，保证计算结果准确。

（四）编报及时

会计报表要按照规定的期限和程序，及时编制和报送，便于会计报表使用者及时掌握企业的经营动态，便于会计报表的汇总单位和部门工作的顺利进行。财务部门要组织好日常的会计核算工作，做好报表编制前的必要准备工作，加强企业内部相关部门的合作，相互配合，按期完成任务。

（五）指标可比

会计报表中的指标，在较长时间内尽可能计算口径相同，计算方法一致，以利于会计报表使用者对企业不同时期的财务状况和经营成果进行对比，并且不同企业之间也具有比较的基础。需要变动调整的项目，应当指出造成的影响。只有这样，会计报表使用者才能正确确定同一企业在不同时期以及不同企业之间的财务状况、经营成果的差异。

第二节　资产负债表

一、资产负债表的概念

资产负债表是反映企业在某一特定日期财务状况的报表，属于静态报表。资产负债表的编制依据是会计恒等式(资产＝负债＋所有者权益)，因此资产负债表是平衡表。资产负债表反映企业在特定日期所拥有的全部资产及其来源之间的对应关系。资产负债表是企业编制的最主要的财务报表之一。

二、资产负债表的作用

(1) 通过资产负债表可以反映企业资产的构成及其状况，分析企业在某一日期所拥有的经济资源及其分布情况；

(2) 通过资产负债表可以反映企业某一日期的负债总额及其结构，分析企业目前与未来需要支付的债务数额；

(3) 通过资产负债表可以反映企业所有者权益的情况，了解企业现有的投资者在企业资产总额中享有的份额；

(4) 通过对资产负债表项目金额及其相关比率的分析，可以帮助报表使用者全面了解企业的资产状况、盈利能力，分析企业的债务偿还能力，从而为未来的经济决策提供信息。

三、资产负债表的基本结构

资产负债表由表头、表体和表尾组成。表头部分列示报表的名称、编制单位、编制日期和货币计量单位等内容。

正表部分根据“资产＝负债＋所有者权益”的基本公式，按照一定的标准和次序，把企业某一时日的资产、负债、所有者权益各要素按流动性进行项目分类。

资产负债表的结构有报告式和账户式两种。按照我国《企业会计准则》的规定，我国企业的资产负债表采用账户式结构。

在账户式资产负债表中，左方的资产按流动资产和非流动资产排列，所列项目主要有货币资金、应收账款、预付款项、其他应收款、存货、固定资产、无形资产等。右方的负债按流动负债和非流动负债排列，所列项目有短期借款、应付账款、预收款项、其他应付款、应交税费、应付股利、应付职工薪酬等。在负债下方排列的是所有者权益，所列项目有实收资本（或股本）、资本公积、盈余公积和未分配利润。账户式资产负债表的简化格式如表 9.1 所示。

表 9.1 资产负债表

会企 01 表

编制单位： 年 月 日 单位：元

资产	行次	期末数	年初数	负债和所有者权益（或股东权益）	行次	期末数	年初数
流动资产：				流动负债：			
流动资产合计				流动负债合计			
非流动资产：				非流动负债：			
				非流动负债合计			
				负债合计			
				所有者权益（或股东权益）			
				所有者权益（或股东权益）合计			
其他非流动资产合计							
资产总计				负债和所有者权益（或股东权益）总计			

账户式资产负债表具有以下特征：

（1）资产负债表分为左右两方，左方为资产，右方为所有者权益；

（2）资产负债表左右两方项目的排列顺序，严格区分为流动性项目与非流动性项目；

（3）左方资产项目按流动性的强弱排列；

(4) 右方权益项目按照权益的顺序排列,先列示需首先清偿的负债,再列示所有者权益;

(5) 负债项目按流动性排列,还款期短的排列在先;

(6) 所有者权益项目按永久性程度排列,程度高的排列在先。

四、资产负债表资料来源和编制方法

资产负债表分别按“年初数”和“期末数”设专栏,以便进行比较,借以考核编制报表日各项资产、负债和所有者权益指标与上年末相比的增减变动情况。

(一) 编制原理

在我国,资产负债表的“年初数”栏内各项数字,根据上年末资产负债表“期末数”栏内各项数字填列,“期末数”栏内各项数字根据会计期末各总账账户及所属明细账户的余额填列。

(二) 编制方法

(1)“货币资金”项目,反映企业库存现金、银行结算户存款、外埠存款、银行汇票存款、银行本票存款、信用卡存款、信用证保证金存款等的合计数。本项目应根据“现金”、“银行存款”、“其他货币资金”科目的期末余额合计数填列。

(2)“交易性金融资产”项目,反映企业为交易目的所持有的债券投资、股票投资、基金投资等交易性金融资产的公允价值。本项目应根据“交易性金融资产”科目的期末余额填列。

(3)“应收票据”项目,反映企业收到的未到期收款也未向银行贴现的应收票据,包括商业承兑汇票和银行承兑汇票。本项目应根据“应收票据”科目的期末余额填列。已向银行贴现和已背书转让的应收票据不包括在本项目内,其中已贴现的商业承兑汇票应在会计报表附注中单独披露。

(4)“应收账款”项目,反映企业因销售商品、产品和提供劳务等而应向购买单位收取的各种款项,减去已计提的坏账准备后的净额。本项目应根据“应收账款”科目所属各明细科目的期末借方余额合计数,减去“坏账准备”科目中有关应收账款计提的坏账准备期末余额后的金额填列。如“应收账款”科目所属明细科目期末有贷方余额,应在本表“预收账款”项目内填列。

(5)“应收股利”项目,反映企业因股权投资而应收取的现金股利,企业应收其他单位的利润,也包括在本项目内。本项目应根据“应收股利”科目的期末余额填列。

(6)“应收利息”项目,反映企业因债权投资而应收取的利息。企业购入到期还本付息债券应收的利息,不包括在本项目内。本项目应根据“应收利息”科目的期末余额填列。

(7)“其他应收款”项目,反映企业对其他单位和个人的应收和暂付的款项,减去已计提的坏账准备后的净额。本项目应根据“其他应收款”科目的期末余额,减去“坏账准备”科目中有关其他应收款计提的坏账准备期末余额后的金额填列。

(8)“预付款项”项目,反映企业预付给供应单位的款项。本项目应根据“预付账款”科目所属各明细科目的期末借方余额合计填列。如“预付账款”科目所属有关明细科目期末有贷方余额的,应在本表“应付账款”项目内填列。如“应付账款”科目所属明细科目有借方余额的,也应包括在本项目内。

(9)“存货”项目,反映企业期末在库、在途和在加工中的各项存货的可变现净值,包括各种材料、商品、在产品、半成品、包装物、低值易耗品、分期收款发出商品、委托代销商品、受托代销商品等。本项目应根据“材料采购”、“原材料”、“周转材料——低值易耗品”、“自制半成品”、“库存商品”、“周转材料——包装物”、“分期收款发出商品”、“委托加工物资”、“委托代销商品”、“受托代销商品”、“生产成本”等科目的期末余额合计减去“代销商品款”、“存货跌价准备”科目期末余额后的金额填列。材料采用计划成本核算以及库存商品采用计划成本或售价核算的企业,还应按加或减材料成本差异、商品进销差价后的金额填列。

(10)“一年内到期的非流动资产”项目,反映企业将于一年内到期的非流动资产。本项目应根据有关科目的期末余额分析计算填列。

(11)“其他流动资产”项目,反映企业除以上流动资产项目外的其他流动资产,本项目应根据有关科目的期末余额填列。如其他流动资产价值较大的,应在会计报表附注中披露其内容和金额。

(12)“可供出售金融资产”项目,反映企业持有的划分为可供出售金融资产的证券。本项目根据“可供出售金融资产”科目的期末余额填列。

(13)“持有至到期投资”项目,反映企业持有的划分为持有至到期投资的证券。本项目根据“持有至到期投资”科目的期末余额减去“持有至到期投资减值准备”科目的期末余额后填列。

(14)“投资性房地产”项目,反映企业持有的投资性房地产。本项目应根据“投资性房地产”科目的期末余额,减去“投资性房地产累计折旧”、“投资性房地产减值准备”所属有关明细科目期末余额后的金额分析计算填列。

(15)“长期股权投资”项目,反映企业不准备在1年内(含1年)变现的各种股权性质的投资的可收回金额。本项目应根据“长期股权投资”科目的期末余额,减去“长期投资减值准备”科目中有关股权投资减值准备期末余额后的金额填列。

(16)“长期应收款”项目,反映企业持有的长期应收款的可收回金额。本项目应根据“长期应收款”科目的期末余额,减去“坏账准备”科目所属相关明细科目期末余额,再减去“未确认融资收益”科目期末余额后的金额分析计算填列。

(17)“固定资产”项目,反映企业的固定资产可收回金额。本项目应根据“固定资产”科目的期末余额,减去“累计折旧”、“固定资产减值准备”科目期末余额后的金额填列。

(18)“工程物资”项目,反映企业各项工程尚未使用的工程物资的实际成本。本项目应根据“工程物资”科目的期末余额填列。

(19)“在建工程”项目,反映企业期末各项未完工程的实际支出,包括交付安装的设备价值,未完建筑安装工程已经耗用的材料、工资和费用支出、预付出包工程的价款、已经建筑安装完毕但尚未交付使用的工程等的可收回金额。本项目应根据“在建工程”科目的期末余额,减去“在建工程减值准备”科目期末余额后的金额填列。

(20)“固定资产清理”项目,反映企业因出售、毁损、报废等原因转入清理但尚未清理完毕的固定资产的账面价值,以及固定资产清理过程中所发生的清理费用和变价收入等各项金额的差额。本项目应根据“固定资产清理”科目的期末借方余额填列。如“固定资产清理”科目期末为贷方余额,以“-”号填列。

(21)“无形资产”项目,反映企业各项无形资产的期末可收回金额。本项目应根据无形资产科目的期末余额,减去“累计摊销”、“无形资产减值准备”科目期末余额后的金额填列。

(22)“递延所得税资产”项目,反映企业确认的递延所得税资产。本项目应根据“递延所得税资产”科目期末余额分析填列。

(23)“其他非流动资产”项目,反映企业除以上资产以外的其他长期资产。本项目应根据有关科目的期末余额填列。如其他长期资产价值较大的,应在会计报表附注中披露其内容和金额。

(24)“短期借款”项目,反映企业借入尚未归还的1年期以下(含1年)的借款。本项目应根据“短期借款”科目的期末余额填列。

(25)“交易性金融负债”项目,反映企业为交易而发生的金融负债,包括以公允价值计量且其变动计入当期损益的金融负债。本项目应根据“交易性金融负债”等科目的期末余额分析填列。

(26)“应付票据”项目,反映企业为了抵付货款等而开出、承兑的尚未到期付款的应付票据,包括银行承兑汇票和商业承兑汇票。本项目应根据“应付票据”科目的期末余额填列。

(27)“应付款项”项目,反映企业购买原材料、商品和接受劳务供应等而应付给供应单位的款项。本项目应根据“应付账款”科目所属各有关明细科目的期末贷方余额合计填列。如“应付账款”科目所属各明细科目期末有借方余额,应在本表“预付账款”项目内填列。

(28)“预收款项”项目,反映企业预收购买单位的账款。本项目应根据“预收账款”科目所属各有关明细科目的期末贷方余额合计填列。如“预收账款”科目所属有关明细科目有借方余额的,应在本表“应收账款”项目内填列;如“应收账款”科目所属明细科目有贷方余额的,也应包括在本项目内。

(29)“应付职工薪酬”项目,反映企业应付未付的职工薪酬。本项目应根据“应付职工薪酬”科目期末贷方余额填列。如“应付职工薪酬”科目期末为借方余额;以“—”号填列。

(30)“应交税费”项目,反映企业期末未交、多交或未抵扣的各种税费。本项目应根据“应交税费”科目的期末贷方余额填列。如“应交税费”科目期末为借方余额,以“—”号填列。

(31)“应付利息”项目,反映企业应付未付的利息。本项目应根据“应付利息”科目的期末贷方余额填列。

(32)“应付股利”项目,反映企业尚未支付的现金股利。本项目应根据“应付股利”科目的期末余额填列。

(33)“其他应付款”项目,反映企业所有应付和暂收其他单位和个人的款项。本项目应根据“其他应付款”科目的期末余额填列。

(34)“预计负债”项目,反映企业预计负债的期末余额。本项目应根据“预计负债”科目的期末余额填列。

(35)“一年内到期的非流动负债”项目,反映企业承担的将于一年内到期的非流动负债。本项目应根据有关非流动负债科目的期末余额分析计算填列。

(36)“其他流动负债”项目,反映企业除以上流动负债以外的其他流动负债。本项目应根据有关科目的期末余额填列,如“待转资产价值 ”科目的期末余额可在本项目内反映。如其他流动负债价值较大的,应在会计报表附注中披露其内容及金额。

(37)“长期借款”项目,反映企业借入尚未归还的1年期以上(不含1年)的借款本息。本项目应根据“长期借款”科目的期末余额填列。

(38)“应付债券”项目,反映企业发行的尚未偿还的各种长期债券的本息。本项目应根据“应付债券”科目的期末余额填列。

(39)“长期应付款”项目,反映企业除长期借款和应付债券以外的其他各种长期应付款。本项目应根据“长期应付款”科目的期末余额,减去“未确认融资费用”科目期末余额后的金额填列。

(40)“递延所得税负债”项目,反映企业确认的递延所得税负债。本项目应根据“递延所得税负债”科目期末余额分析填列。

(41)“其他流动负债”项目,反映企业除以上非流动债项目以外的其他非流动负债。本项目应根据有关科目的期末余额填列。如其他非流动负债价值较大的,应在会计报表附注中披露其内容和金额。

(42)“实收资本(或股本)”项目,反映企业各投资者实际投入的资本(或股本)总额。本项目应根据“实收资本(或股本)”科目的期末余额填列。

(43)“资本公积”项目,反映企业资本公积的期末余额。本项目应根据“资本公积”科目的期末余额填列。

(44)“盈余公积”项目,反映企业盈余公积的期末余额。本项目应根据“盈余公积”科目的期末余额填列。

(45)“未分配利润”项目,反映企业尚未分配的利润。本项目应根据“本年利润”科目和“利润分配”科目的余额计算填列。未弥补的亏损,在本项目内以“—”号填列。

(三)编制举例

【例 9-1】 现以 A 公司为例,说明资产负债表期末余额的填列方法。2013 年 12 月 31 日,A 公司各账户期末余额(表 9.2)如下:

表 9.2 A 公司 2013 年 12 月 31 日有关账户余额表

账户名称	借方余额	贷方余额	账户名称	借方余额	贷方余额
库存现金	70 000		短期借款		235 000
银行存款	250 000		应付票据		220 000
其他货币资金	205 000		应付账款		500 000
交易性金融资产	25 000		预收账款		20 000
应收票据	35 000		应付职工薪酬		135 000
应收股利	35 000		应付股利		120 000
应收利息	10 000		应交税费		45 000
应收账款	356 000		其他应付款		35 000
坏账准备		6 000	长期借款		500 000
预付账款	60 000		实收资本		1 500 000
其他应收款	10 000		资本公积		125 000
原材料	350 000		盈余公积		90 000

续表

账户名称	借方余额	贷方余额	账户名称	借方余额	贷方余额
库存商品	165 000		利润分配		255 000
生产成本	185 000				
可供出售金融资产	350 000				
长期股权投资	140 000				
长期股权投资减值准备		20 000			
固定资产	2000 000				
累计折旧		650 000			
在建工程	120 000				
无形资产	90 000				

以上资料中有三个账户，经查明应在列表时按规定予以调整：在“应收账款”账户中有明细账贷方余额 10 000 元；在“应付账款”账户中有明细账借方余额 20 000 元；在“预付账款”账户中有明细账贷方余额 5 000 元。

具体期末余额编制方法如下：

1. 根据总账账户的期末余额直接填列

资产负债表中的大部分项目，都可以根据相应的总账账户余额直接填列。例如，资产负债表中的“交易性金融资产”、“短期借款”、“应付票据”、“应付职工薪酬”、“可供出售金融资产”、“应付票据”、“应交税费”、“实收资本”等项目应直接根据总账账户的期末余额填列。

交易性金融资产项目金额为 25 000 元；短期借款项目金额为 235 000 元。

2. 根据若干个总账账户的期末余额计算填列

“货币资金”项目应根据“库存现金”、“银行存款”、“其他货币资金”账户期末余额的合计数填列。

货币资金项目金额＝库存现金＋银行存款＋其他货币资金

＝70 000＋250 000＋205 000＝525 000（元）

3. 根据明细账户的期末余额分析计算填列

“应收账款”项目应根据“应收账款”和“预收账款”账户所属明细账借方余额之和减相应“坏账准备”账面余额后的金额填列；“预收账款”项目应根据“应收账款”和“预收账款”账户所属明细账贷方余额之和填列；“应付账款”项目根据“应付账款”和“预付账款”账户所属明细账贷方余额之和填列；“预付账款”项目应根据“应付账款”和“预付账款”账户所属明细账借方余额之和填列。

将应付账款明细账中的借方余额 20 000 元列入预付账款项目；将“预付账款”账户明细账中的贷方余额 5 000 元列入应付账款项目。计算结果，预付账款项目的余额为 85 000(60 000＋20 000＋5 000)元，应付账款项目的余额为 525 000(500 000＋20 000＋5 000)元。

4. 根据总账账户期末余额减去备抵账户余额后的净额填列

如“应收账款”、“应收票据”、“其他应收款”、“长期股权投资”、“固定资产”、“在建工程”、“无形资产”等项目，应根据总账账户期末余额分别相应减去“减值准备”账户后的净额填列。其中“存货”项目应根据“材料采购”(在途物资)、“原材料”、“库存商品”、“生产成本”、“周转材料”、“委托加工物资”、“材料成本差异”、“发出商品”等账户的期末余额合计减去“存货跌价准备”等账户期末余额后的金额填列。

将“原材料”、“库存商品”、“生产成本”、即其他存货账户余额合并为存货项目，共计 700 000(350 000＋165 000＋185 000)元。

从“长期股权投资”账户中减去“长期股权投资减值准备”20 000 元，长期股权投资项目的余额为 120 000(140 000－20 000)元。将“坏账准备”项目 6 000 元从“应收账款”项目中减去；将“应收账款”明细账中的贷方余额 10 000 元列入“预收账款”项目。计算结果，“应收账款”项目的账面价值为 360 000(356 000－6 000＋10 000)元；预收账款项目为 30 000 元(20 000＋10 000)元。

5. 根据总账账户余额和明细账账户余额分析计算填列

“长期借款”项目，应根据“长期借款”总账账户余额扣除“长期借款”账户所属明细账户中将于一年内到期的长期借款后的金额计算填列。其中将于一年内到期的长期借款记入“一年内到期的非流动负债”项目。

6. 报表中合计与总计项目填列

报表中的合计与总计，应根据报表项目之间的关系计算填列。如：

流动资产合计＋非流动资产合计＝资产总计

现根据上述编制方法和期末账户资料，试编该企业资产负债表，如表 9.3 所示。

表 9.3 资产负债表

编制单位：A 公司　　2013 年 12 月 31 日　　单位：元

资　　产	期末数	年初数	负债和所有者权益	期末数	年初数
流动资产：		(略)	**流动负债：**		(略)
货币资金	525 000		短期借款	235 000	
交易性金融资产	25 000		交易性金融负债	0	
应收票据	35 000		应付票据	220 000	

续表

资　　产	期末数	年初数	负债和所有者权益	期末数	年初数
应收账款	360 000		应付账款	525 000	
预付款项	85 000		预收款项	30 000	
应收利息	10 000		应付职工薪酬	135 000	
应收股利	35 000		应交税费	45 000	
其他应收款	10 000		应付利息	0	
存货	700 000		应付股利	120 000	
一年内到期的非流动资产	0		其他应付款	35 000	
其他流动资产	0		一年内到期的非流动负债	0	
流动资产合计	1 785 000		其他流动负债	0	
非流动资产：			流动负债合计	1 345 000	
可供出售金融资产	350 000		**非流动负债：**		
持有至到期投资	0		长期借款	500 000	
长期应收款	0		应付债券		
长期股权投资	120 000		长期应付款		
投资性房地产	0		专项应付款		
固定资产	1 350 000		预计负债		
在建工程	120 000		递延所得税负债		
工程物资	0		其他非流动负债		
固定资产清理	0		非流动负债合计	500 000	
无形资产	90 000		负债合计	1 845 000	
商誉	0		**所有者权益：**		
长期待摊费用	0		实收资本	1 500 000	
递延所得税资产	0		资本公积	125 000	
其他非流动资产	0		盈余公积	90 000	
非流动资产合计	2 030 000		未分配利润	255 000	
			所有者权益合计	1 970 000	
资产总计	3 815 000		负债及所有者权益总计	3 815 000	

第三节 利 润 表

一、利润表的概念

利润表是反映企业在一定会计期间经营成果的报表。利润表属于动态报表。通过利润表,可以反映企业一定会计期间的收入实现情况和费用支出的构成情况。利润表的编制是以“收入－费用＝利润”这一公式为理论依据,是企业最重要的财务报表之一。

二、利润表的作用

(1) 通过利润表,可以从总体上了解企业在一定会计期间收入、成本、费用及净利润(或亏损)等的实现及构成情况;

(2) 通过利润表提供的不同时期的数字比较,可以分析企业的获利能力及利润的变化情况和未来发展趋势;

(3) 通过利润表,可以了解投资者投入资本的保值增值情况,评价企业经营业绩。

三、利润表的基本结构

利润表一般由表首和正表两部分组成。表首说明报表的名称、编制单位、编制日期、货币计量单位等;正表是利润表的主体,其格式主要有单步式和多步式两种。单步式利润表是将当期所有的收入列在一起,然后将所有的费用列在一起,两者相减得出当期净损益。多步式利润表是通过对当期的收入、费用、支出项目按性质加以归类,按利润形成的主要环节列示一些中间性的利润指标,如营业利润、利润总额、净利润,分步计算当期净损益。我国《企业会计准则》规定,我国企业的利润表采用多步式。第一步,以营业收入为基础,计算营业利润;第二步,以营业利润为基础,计算利润总额;第三步,以利润总额为基础,计算净利润。具体格式如表 9.4 所示。

表 9.4 利润表(多步式)

会企 02 表

编报单位： 年 月 单位：元

项 目	本月数	本年累计数
一、营业收入		
减：营业成本		
营业税金及附加		
销售费用		
管理费用		
财务费用		
资产减值损失		
加：公允价值变动收益(损失以"－"号填列)		
投资收益(损失以"－"号填列)		
其中：对联营企业和合并企业的投资收益		
二、营业利润(亏损以"－"号填列)		
加：营业外收入		
减：营业外支出		
其中：非流动资产处置损失		
三、利润总额(净亏损以"－"号填列)		
减：所得税费用		
四、净利润		
五、每股收益		
(一) 基本每股收益		
(二) 稀释每股收益		

四、利润表的编制方法

利润表各项目的数据来源主要是根据各损益类科目的发生额分析填列。为了清楚地反映各项指标的报告期数及从年初到报告期为止的累计数，各项目均需填列"本月数"和"本年累计数"两栏。

(一) 利润表"本月数"的填列方法

利润表"本月数"栏内各项数字,除"每股收益"项目外,应当按相关科目的发生额分析填列。

(1)"营业收入"项目,反映企业经营活动所取得的收入总额。本项目应根据"主营业务收入"、"其他业务收入"等科目的发生额分析填列。

(2)"营业成本"项目,反映企业经营活动发生的实际成本。本项目应根据"主营业务成本"、"其他业务成本"等科目的发生额分析填列。

(3)"营业税金及附加"项目,反映企业经营活动应负担的营业税、消费税、城市维护建设税、资源税、土地增值税和教育费附加等。本项目应根据"营业税金及附加"科目的发生额分析填列。

(4)"销售费用"项目,反映企业在销售商品和商品流通企业在购入商品等过程中发生的费用。本项目应根据"营业费用"科目的发生额分析填列。

(5)"管理费用"项目,反映企业发生的管理费用。本项目应根据"管理费用"科目的发生额分析填列。

(6)"财务费用"项目,反映企业发生的财务费用。本项目应根据"财务费用"科目的发生额分析填列。

(7)"资产减值损失"项目,反映企业确认的资产减值损失。本项目应根据"资产减值损失"科目的发生额分析填列。

(8)"公允价值变动损益"项目,反映企业确认的交易性金融资产或交易性金融负债的公允价值变动额。本项目应根据"公允价值变动损益"科目的发生额分析填列。

(9)"投资收益"项目,反映企业以各种方式对外投资所取得的收益。本项目应根据"投资收益"科目的发生额分析填列。如为投资损失,以"一"号填列。

(10)"营业利润"项目,反映企业日常经营活动产生的利润。具体计算公式为:

营业利润=营业收入-营业成本-营业税金及附加-销售费用-
管理费用-财务费用-资产减值损失+
公允价值变动收益(-公允价值变动损失)+
投资收益(-投资损失)

如为亏损,以"一"号填列。

(11)"营业外收入"项目和"营业外支出"项目,反映企业发生的与其生产经营无直接关系的各项收入和支出。这两个项目应分别根据"营业外收入"科目和"营业外支出"科目的发生额分析填列。

(12)“利润总额”项目,反映企业实现的利润总额。具体计算公式为:

利润总额=营业利润+营业外收入-营业外支出

如为亏损总额,以“-”号填列。

(13)“所得税费用”项目,反映企业按规定从本期损益中减去的所得税。本项目应根据“所得税”科目的发生额分析填列。

(14)“净利润”项目,反映企业实现的净利润。具体计算公式为:

净利润=利润总额-所得税费用

如为净亏损,以“-”号填列。

(二)利润表“本年累计数”的填列方法

利润表“本年累计数”栏反映各项目自年初起到本报告期止的累计发生额,应根据上月利润表的“本年累计数”加上本月利润表的“本月数”之和填列。

在编报中期财务会计报告时,填列上年同期累计实际发生数;在编报年度财务会计报告时,填列上年全年累计实际发生数。如果上年度利润表与本年度利润表的项目名称和内容不相一致,则按编报当年的口径对上年度利润表项目的名称和数字进行调整,填入本表“上年数”栏。在编报中期和年度财务会计报告时,将“本月数”栏改成“上年数”栏。

【例9-2】 现以A公司为例,说明利润表的填列方法。A公司2013年11月利润表及12月有关科目的发生额如下:

表9.5 利润表

会企02表

编报单位:A公司 2013年11月 单位:元

项目	本月数	本年累计数
一、营业收入	(略)	820 900
减:营业成本	(略)	400 000
营业税金及附加	(略)	32 500
销售费用	(略)	33 000
管理费用	(略)	54 500
财务费用	(略)	50 000
资产减值损失	(略)	0
加:公允价值变动收益(损失以“-”号填列)	(略)	0
投资收益(损失以“-”号填列)	(略)	28 000

续表

项　　目	本月数	本年累计数
其中:对联营企业和合并企业的投资收益	(略)	0
二、营业利润(亏损以"—"号填列)	(略)	278 900
加:营业外收入	(略)	16 500
减:营业外支出	(略)	10 000
其中:非流动资产处置损失	(略)	0
三、利润总额(净亏损以"—"号填列)	(略)	285 400
减:所得税费用	(略)	71 350
四、净利润	(略)	214 050
五、每股收益	(略)	
(一)基本每股收益	(略)	
(二)稀释每股收益	(略)	

表 9.6　利润表有关科目 12 月发生额(单位:元)

科目名称	借方发生额	贷方发生额
主营业务收入		125 000
其他业务收入		2 300
投资收益		32 000
营业外收入		28 500
主营业务成本	84 000	
营业税金及附加	5 500	
其他业务成本	1 000	
销售费用	2 000	
管理费用	10 500	
财务费用	10 000	
资产减值损失	200	
营业外支出	20 000	
所得税费用	18 000	

根据上述利润表编制方法和相关科目发生额资料,试编制 A 公司利润表如

9.7所示。

表 9.7 利润表

会企 02 表

编报单位:A公司 2013 年 12 月 单位:元

项　　目	本月数	本年累计数
一、营业收入	127 300	948 200
减:营业成本	85 000	485 000
营业税金及附加	5 500	38 000
销售费用	2 000	35 000
管理费用	10 500	65 000
财务费用	10 000	60 000
资产减值损失	200	200
加:公允价值变动收益(损失以"一"号填列)	0	
投资收益(损失以"一"号填列)	32 000	60 000
其中:对联营企业和合并企业的投资收益	0	
二、营业利润(亏损以"一"号填列)	46 100	325 000
加:营业外收入	28 500	45 000
减:营业外支出	20 000	30 000
其中:非流动资产处置损失	0	
三、利润总额(净亏损以"一"号填列)	54 600	340 000
减:所得税费用	13 650	85 000
四、净利润	40 950	255 000
五、每股收益	(略)	
(一)基本每股收益	(略)	
(二)稀释每股收益	(略)	

本章小结

会计报表是企业会计核算重要组成部分,编制会计报表是会计核算专门方法之一。本章主要内容有资产负债表、利润表、现金流量表,通过本章学习,重点掌握有关的重要概念,各种会计报表的结构和编制方法,特别是资产负债表和利润表的编制方法。

思考题

1. 什么是会计报表？编制会计报表有何意义？
2. 编制会计报表有哪些要求？
3. 试述资产负债表的定义、结构及其作用。
4. 试述利润表的定义、结构和编制方法。

参考文献

［1］ 会计从业资格考试辅导教材编写组.会计基础[M].北京:中国财政经济出版社,2013.

［2］ 尹合伶.新编基础会计[M].北京:中国财政经济出版社,2012.

［3］ 吴榕.基础会计[M].北京:中国经济出版社,2013.

［4］ 程淮中.会计职业基础[M].北京:高等教育出版社,2011.

［5］ 李海波.新编会计学原理:基础会计[M].上海:立信会计出版社,2011.

［6］ 陈国辉,迟旭升.基础会计[M].辽宁:东北财经大学出版社,2012.

［7］ 杨明,张明霞,付丽.会计学原理[M].北京:中国财政经济出版社,2012.

［8］ 蔡中焕,李艳杰,侯丽娟.会计职业基础[M].北京:教育科学出版社,2013.

［9］ 吴玲,赵丽,王曼.基础会计[M].天津:南开大学出版社,2012.

［10］ 陈瑞生,周静.基础会计模拟实习[M].上海:立信会计出版社,2013.